问蜀

东周时期的蜀文化特展

Questions To Shu

A Special Exhibition Of The Shu Culture During The Eastern Zhou Dynasty

秦始皇帝陵博物院 编

西 北 大 学 出 版 社
·西安·

《问蜀——东周时期的蜀文化特展》编委会

主　　任　李　岗
委　　员　(以姓氏笔画为序):
王居中　王洪燕　王原茵　韦　荃　田　静　宁亚莹　朱　力
朱章义　任　舸　刘运琦　杨　剑　陈　龙　陈志平　武天新
虎　妍　周　健　周　萍　周启寿　郑　雷　侯宁彬　侯宏庆
胥　彦　郭凤武　郭向东　郭柱社　唐　飞　黄乐生　崔纪军
舒东平　蔡　清　颜劲松

学术顾问　江章华
撰　　稿　朱明月　彭　文　张小攀　郑宇翔
审　　稿　江章华　王　方　任雪莉
翻　　译　西安市邦尼翻译有限公司
执行编辑　彭　文
校　　对　朱明月　彭　文　张小攀　周　怡

展览组织与实施

总 策 划　李　岗
项目总监　郭向东
项目负责　马生涛
策 展 人　彭　文
内容设计　朱明月　彭　文　张小攀
形式设计　程乾宁　周　怡
展品组织　王东峰　聂　莉　朱明月　安　菲　陈　璐
雒波波　唐瑞江　王峰涛　孙千翔
展　　务　周　怡　张小攀
文字校对　梁　芊　高瑜璐　李岩松
展览制作　中章建设有限公司

序 Preface

人类历史发展至今所呈现的多元样态，是世界诸多文明体系长期交融互织的结果。具有悠久历史的中华文明自古以来就蕴含着开放包容、和谐共生的基本特征。特别是先秦时期，不同地域文化间的激荡交流、融合发展，共同铸就了中华文明丰富灿烂的华彩篇章。

多年来，秦始皇帝陵博物院（秦始皇兵马俑博物馆）一直践行让文物活起来、讲好中国故事的指示精神，依托秦陵丰厚的文化遗产，在做好遗址保护、研究与展示的基础上举办了多项有影响的临时展览，基本形成了以秦文化主题展览为核心，同时举办"世界文明系列展""东周时期区域文化系列展""边疆系列展"的展览体系。其中，"东周时期区域文化系列展"是我院特色系列展览之一。自2012年开始，我院与全国多家文博单位合作，相继举办了"萌芽·成长·融合——北方青铜文化臻萃展""南国瑰宝　惊采绝艳——楚文化精品文物展""传承与谋变——三晋历史文化展""泱泱大国——齐国历史文化展""水乡泽国——东周时期吴越两国历史文化展""寻巴——消失的古代巴国""神秘王国——古中山国历史文化展""铜铸滇魂——云南滇国青铜文化展""幽燕长歌——燕国历史文化展"等颇具特色的地域文化系列展，在业内获得好评。2019年，正值秦始皇兵马俑发现45周年、秦始皇帝陵博物院（秦始皇兵马俑博物馆）开放40周年之际，我们以之前的"东周时期区域文化系列展"为基础，举办了"平天下——秦的统一"大展，并荣获"第十七届全国十大精品展览推介活动"精品奖。这些展览，作为秦始皇帝陵遗址展示的重要补充，丰富了我院的展览体系和展示内容，让公众更加深刻地认识了秦陵、秦俑、秦文化的意义，以及东周时期中华大地上各区域文化的发展过程与历史面貌。

古蜀文化是在巴蜀大地上发生、发展的有近四千年历史的区域文化，像一颗闪耀在中华大地上的璀璨明珠。夏商时期，古蜀文明已与中原文化展开交流互融。近年来，三星堆祭祀区的新一轮考古发掘，再次证明巴蜀地区与同时期其他区域文化的密切联系，展现了中华文明多元一体、开放包容的特质。

秦与古蜀分属于两支古老的族群，他们依托不同的地域优势，造就了辉煌灿烂的秦文化与蜀文化。春秋及战国初期，秦与蜀便有交往。《史记·货殖列传》载："及秦文、德、缪居雍，隙陇、蜀之货物而多贾。"《华阳国志·蜀志》载："开明立，位号曰丛帝。丛帝生卢帝。卢帝攻秦，至雍。”《史记·秦本纪》载：“厉共公二年，蜀人来赂。”到了战国中晚期，特别是秦惠文王时期，秦与蜀交往密切。《史记·秦本纪》载：“惠文君元年……蜀人来朝。”《华阳国志·蜀志》载：周显王三十二年（前347）“蜀侯使朝秦，秦惠王数以美女进（蜀王），蜀王感之，故朝焉”。公元前316年，秦惠文王采用司马错“得蜀则得楚，楚亡则天下并矣”的主张，派兵从石牛道伐蜀，“冬十月，蜀平”，随之司马错等又“取苴与巴”。秦并巴蜀后，在蜀地实施了一系列务实、创新、包容的统治政策，如推行郡县制、移民实边、重视农桑、兴修水利等，加快了客观务实、创新进取、开放包容的秦文化与巴蜀文化的融合发展，从此也翻开了巴蜀历史的新篇章。这使特立独行的古蜀文明一步步汇入中华文明的历史长河之后，依然长期保持其鲜明的特色，更加揭示出政治上统一的中华文明兼容并蓄、和而不同的巨大包容性。

2023年，“东周时期区域文化系列展”继续出发，“寻巴”之后再“问蜀”，我们与四川、湖北、陕西的24家兄弟单位精诚合作，共同推出“问蜀——东周时期的蜀文化特展”，以设问的方式展开叙事，通过梳理战国时期七大文化圈之一的“巴蜀文化”的发展序列和地域特色，突显巴蜀地区作为秦国不断东进的大后方，对秦的统一做出的突出贡献。

本次编辑出版的展览同名图录，是展览内容的拓展与延伸，除强调文物的艺术特征之外，重点对文物的学术价值进行了梳理和多角度、深层次的阐释。图录以新颖的资料、精美的图片引导读者见微知著、精以识广，进而感知古蜀文明厚重的文化底蕴；通过对比、展示与研究，探讨不同地域文化之间交融共生的发展脉络和多元一体的中华文明的形成过程及特征。

秦始皇帝陵博物院院长　李　岗

2023年10月

目录 Contents

Brilliant Civilization

Three thousand six hundred years ago, the ancient Shu people created a highly prosperous Sanxingdui civilization, enabling us to see a world of stable society and affluent life with people worshipping gods. Its unique charm is still an abundant source of imagination. From Sanxingdui to Jinsha, the political and ceremonial centers of the ancient Shu people reached out from the banks of the Yazi River to the hinterland of the Chengdu Plain, showcasing the unique romance of early Sichuan civilization in their unique ways. During the Eastern Zhou Dynasty (770 BC-256 BC), the ancient Shu society transformed itself from one of theocratic politics to one characterized by military and royal power. When the Qin state annexed the regions of Ba and Shu in 316 BC, a new political and economic pattern arising from the Qin army's entry into Sichuan, pushed the divine radiance of the ancient Shu civilization into a world full of human brilliance.

So let's explore the fate of the ancient Shu civilization and discover its future together...

璀璨的文明

三千六百年前，古蜀人创造了高度繁荣的三星堆文明，让我们看到了一个社会安定、生活富足、崇尚神祇的世界，其独特的魅力至今令人遐想万千。从三星堆到金沙，古蜀先民的政治、仪式中心从鸭子河畔迁至成都平原腹地，他们用特有的方式彰显着四川早期文明独有的浪漫。东周时期，古蜀社会从神权政治转变为以军政王权为特征的社会。公元前316年，秦并巴蜀，新的政治、经济格局伴随着秦军入川的脚步，将古蜀文明闪现的神性光芒，推向了充满人性光辉的世界。

让我们携手一起探寻古蜀文明的去向，去发现她的未来吧……

蜀大事年表			秦大事年表
鱼凫（fú）建立古蜀王国—杜宇王国开国—蜀人以文翰进献周王室	约前11世纪末		
蜀人与吕人献琼玉于周	前893		
杜宇禅让王位于鳖灵，号开明	约前8世纪至前7世纪初	前770	秦立国
		前762	迁都至汧渭之会
		前714	迁都至平阳
蜀王开明二次攻秦至雍城	前7世纪	前677	迁都至雍城
		前623	秦伐西戎大胜
开明五世迁都至成都	前6世纪		
蜀人聘秦	前475	前475	蜀人来赂
秦攻取蜀之南郑	前451		
蜀收复南郑	前441		
秦伐蜀，取南郑。蜀再度光复南郑	前387	前387	伐蜀取南郑
		前383	迁都至栎阳
蜀伐楚，取兹方	前377		
		前359	商鞅变法
		前350	迁都至咸阳
秦惠文君即位，蜀遣使臣至秦朝贺	前337	前337	楚、韩、赵、蜀朝秦
		前325	惠文称王
秦大夫张仪、司马错由石牛道伐蜀直下成都。开明王败走武阳，被秦军擒杀。同年十月，蜀亡	前316	前316	秦并巴蜀
秦封公子通为蜀侯，移秦民万家入蜀	前314		
张仪、张若筑成都大城、少城	前311		
秦王命庶长甘茂、将军司马错率兵入蜀平叛	前310		
秦封王子恽（yùn）为蜀侯	前308		
司马错定蜀	前301	前301	司马错定蜀
秦封秦王子绾（wǎn）为蜀侯	前300		
秦兵入蜀诛蜀侯，任张若为蜀郡守。此后只置蜀郡守，不再封蜀侯	前285		
李冰任蜀郡守，修都江堰等工程，推广勘察盐井地脉和取卤、煮盐技术。成都平原从此“沃野千里”，“天下谓之‘天府’也”	约前277—前251	前246	嬴政即位
秦军攻克赵都邯郸，赵国大批官宦子弟如蔺相如子孙，手工业者如卓氏、程郑，亦被迁入蜀	前229		
蜀中的江渎（即岷江）祠被列为官祠	前221	前221	秦统一六国
秦迁大批上郡百姓到蜀郡临邛	前210		

秦蜀大事对比表

时　间	蜀人大事记	秦人大事记	文　献	解　读
约前21世纪至前11世纪	鱼凫氏继蚕丛、柏灌之后统治了蜀国，是古蜀历史上第三个王朝，史称“鱼凫王朝”。			
约前17世纪	夏桀伐岷山。	秦人去夏归商，为汤御。	屈原《天问》载：“桀伐蒙山，何所得焉？妹嬉何肆，汤何殛（jí）焉？”	现在的岷山指中国甘肃南部延伸至四川西北部的一座褶皱山脉，大致呈南北走向，全长约500千米。 关于“岷山”所在，一说是今天四川雅安的蒙山。“蒙”“珉”“岷”三字在古代为同声字。为有别于山东蒙山，雅安蒙山又称西蒙。在古代，西蒙地跨今天雅安市的名山、雨城、芦山三区县之界。《禹贡》中的“蔡蒙旅平”就是指雅安市的蔡蒙二山，大禹治水时曾开拓此地，并祭祀于此。另一说法称，岷山北起甘肃东南岷县南部，南止四川盆地西部峨眉山，为长江与黄河的分水岭，也是夏禹疏通水道的南方路线。后来，人们常用“岷蜀”来代指四川。
约前14世纪	商王朝伐蜀。		安阳殷墟出土的甲骨文中有“王供人正蜀”“登人征蜀”的记载。	商王武丁时（前1250—前1192），在中原站稳了脚跟的商人对蜀人发动了若干次征伐。登，即征集兵员。
约前11世纪	周武王伐纣，蜀国、巴国参战。周师伐蜀，克蜀。杜宇为蜀王，史称“杜宇王朝”。	周人灭商，嬴秦氏因随商叛乱，故被迁出原居住地。被迁往西陲的秦人，随着周王室边境的扩张，最终来到甘肃天水附近。	《竹书纪年》载：“冬十有二月，周师有事于上帝。庸、蜀、羌、髳、微、卢、彭、濮从周师伐殷。” 《尚书·周书》载：“武王戎车三百两，虎贲三百人，与受战于牧野，作《牧誓》……及庸，蜀、羌、髳、微、卢、彭、濮人。” 《华阳国志·蜀志》载：“蜀之为国，肇（zhào）于人皇，与巴同囿（yòu）。至黄帝，为其子昌意娶蜀山氏之女，生子高阳，是为帝喾（kù）。封其支庶于蜀，世为侯伯，历夏、商、周。武王伐纣，蜀与焉。” 《逸周书·世俘》载：“庚子，陈本命，伐磨百韦，命伐宣方、新荒，命伐蜀。” 《蜀王本纪》载：“鱼凫田于湔山，得仙。今庙祀之于湔。时蜀民稀少。后有一男子，名曰杜宇，从天堕，止朱提。有一女子，名利，从江源井中出，为杜宇妻。乃自立为蜀王，号曰望帝。治汶山下邑，曰郫，化民往往复出。”	1959年，四川彭州出土了8件青铜器和13件兵器。其中两件青铜觯上分别有铭文“覃(qín)父癸”和“牧正父”，这两个人是商朝的贵族。徐中舒先生认为，这些青铜器是蜀人从商人处缴获的战利品。 1976年，在陕西周原发现了大批先周卜辞，其中一条与巴蜀有关。
约前11世纪末	《逸周书·王会》：“蜀人以文翰。文翰者，若皋(gāo)鸡。”周成王大会诸侯于成周。蜀人以“文翰”（孔晁注：鸟有文彩者）进献周王室。		1972年出土的《班簋》上有铭文：“作四方望，秉、緐、蜀、巢。”郭沫若先生认为，“作四方望”的意思是天下的表率。秉指彭城（在今江苏北部），澶渊因緐水（在今河北境内）而得名，蜀即成都平原上的古蜀国，巢指南巢（在今安徽南部）。这四国代表了周朝东、南、西、北四方的界限，实际上就是周初天下的格局。	在周成王时，蜀侯派使者参加成周大会，并献上“文翰”。孔晁注：“鸟有文彩者。皋鸡似凫，冀州谓之泽特也。”文翰，实际上就是有文彩的凫，即鱼凫王朝的标志，或者说是国徽。这说明杜宇对鱼凫王朝的彻底取代。

时　间	蜀人大事记	秦人大事记	文　献	解　读
前897		“分土为附庸”。“邑之秦”。	《史记·秦本纪》载：“非子居犬丘，好马及畜，善养息之。犬丘人言之周孝王，孝王召使主马于汧渭之间，马大蕃息。孝王欲以为大骆適嗣。申侯之女为大骆妻，生子成为適。申侯乃言孝王曰：‘昔我先郦山之女，为戎胥轩妻，生中潏，以亲故归周，保西垂，西垂以其故和睦。今我复与大骆妻，生適子成。申骆重婚，西戎皆服，所以为王。王其图之。’于是孝王曰：‘昔伯翳为舜主畜，畜多息，故有土，赐姓嬴。今其后世亦为朕息马，朕其分土为附庸。’邑之秦，使复续嬴氏祀，号曰秦嬴。亦不废申侯之女子为骆適者，以和西戎。” 《礼记·王制》载：“公侯田方百里，伯七十里，子男五十里；不能五十里者，不合于天子，附于诸侯曰附庸。”郑玄注：“附庸者，以国事附于大国，未能以其名通也。”	犬丘在今甘肃清水秦亭附近，土地肥沃，一直是农业产区。篆体“秦”字如手舂禾的姿势，表明“其地宜禾”。秦人在这里定居，反映了他们的生活方式从游牧向农耕的转变。这意味着原来以血缘关系为纽带的氏族社会开始解体，代之而起的是以地域划分国民的阶级社会，国家即将出现。这在秦的历史上具有重要意义。
前893	蜀人、吕人献琼玉于周，宾于河，用介圭。		《竹书纪年》载：“夷王二年，蜀人、吕人来献琼玉，宾于河，用介珪。”	古蜀人向周夷王敬献玉圭，周夷王将此大圭沉于河中，以祭祀河神。介，即为大。珪，同“圭”，是一种玉质礼器。
前890		因养马有功，非子被周孝王封地秦邑，是为秦非子。	《史记·秦本纪》载：“非子居犬丘，好马及畜，善养息之。”	秦人的历史脱离了神话和传说时代，开始有了可靠的记载。
前845		周宣王封秦的首领秦仲为大夫。	《史记·秦本纪》载：“秦仲立三年，周厉王无道，诸侯或叛之。西戎反王室，灭犬戎大骆之族。周宣王即位，乃以秦仲为大夫，诛西戎。”	周宣王在内外交困之际，封秦的首领秦仲为大夫，命他率领秦人去攻打西戎。
约前8世纪至前7世纪初	鳖灵为蜀相，治水成功，杜宇禅让王位于鳖灵。鳖灵为蜀王，号开明，其所在朝代史称“开明王朝”。			
前770		秦襄公立国。		公元前770年，秦襄公因护送周平王东迁有功，周王封其为诸侯，把“岐以西之地”赐给秦，并准许秦与其他诸侯国“通聘享之礼”。终于，秦获得了与齐、晋等诸侯国平齐的地位。秦襄公即位后，一方面，他将自己的妹妹嫁给西戎的丰王为妻，分化戎人的力量；另一方面，迁都于汧邑，使秦人的势力节节向东逼近。
前762		迁都至汧渭之会。		公元前763年，秦文公率兵进行了将近一年的“东猎”。公元前762年，到达汧渭之会，“即营邑之”。
前753		“初有史以纪事”。		这一事件标志着秦国的进步，也表明了奴隶制国家机构的健全。史，既指史册，也指史官。
前750		“地至岐”。		这一年，秦国取得第一次伐戎的胜利，真正控制了岐以西之地。

时　间	蜀人大事记	秦人大事记	文　献	解　读
前714		迁都至平阳。	《史记·秦本纪》载："宁公二年，公徙居平阳。"	这一年，秦将国都由汧渭之会迁至平阳，使国都距离与戎人交战的前线更近。公元前713年，秦进攻平阳荡社（比邻秦国的一支戎人），一举取得胜利，秦国的势力大大向东方扩张。
前7世纪	蜀王开明二次攻秦至雍（今陕西凤翔）。开明三世攻略青衣羌地（今四川芦山一带），雄张獠、僰。		《华阳国志·蜀志》载："丛帝生卢帝。卢帝攻秦，至雍。生保子帝。帝攻青衣，雄张獠、僰。"	蜀王的势力向南到达南中地区，即四川西部、云南东北部、贵州西北部一带。雄张，指势力扩张。獠，古代少数民族名。
前677		迁都至雍城。	《史记·秦本纪》载："德公元年，初居雍城大郑宫。以牺三百牢祠鄜畤。卜居雍。后子孙饮马于河。"	不论是汧渭之会还是平阳，都在周原之下的河谷地带，局限了秦国向东向西的发展。而雍城，位于地势较高的周原，是陇山以东的门户。无论秦人是向东发展，还是防御西方的戎人，其地理位置都十分有利。秦都雍城后，在这里建筑了规模宏大的城邑和宫殿。此后的数百年间，这里始终是秦国的政治中心。
前623		秦对西戎的战争大胜。	《史记·秦本纪》载："三十七年，秦用由余谋伐戎王，益国十二，开地千里，遂霸西戎。"	秦人与西戎各族常年杂居相处，其边境常受侵扰。秦穆公三十七年（前623），秦国的东进战争取得一系列胜利。秦国将其领地扩张到黄河西岸后，突袭西戎，对戎王与由余成功实施离间计，大破西戎。从此，东面从陕西、山西交界处的黄河起，一直到渭河源头，都为秦国所控制，秦"开地千里，遂霸西戎"的局面已然形成，为战国末年秦统一六国奠定了基础。穆公"称霸"以后，秦的名声就随着戎、狄的流动，向西方传播，于是秦（cina）就成为域外民族对中国的称呼。
前6世纪	开明五世(一说九世)迁都至成都，建青、赤、白、黄、黑帝庙。			
前475	蜀人聘秦。	蜀人来赂。	《大事记·大事记解题》卷一载："蜀人聘秦"，"解题曰蜀见于牧誓地与秦接秦记书蜀人来赂赂即聘也聘必有币也秦用夷不能尽行聘礼故其国史凡聘皆谓之赂"。 《史记·秦本纪》载："厉共公二年，蜀人来赂。"	厉公时期，秦国在与晋国和戎、狄的军事斗争中，还未显示出明显的颓势，在一定时期尚能保持军事上的优势。这个时期，南方的楚和西南方的蜀，都主动与秦国交好。公元前475年、前472年、前463年都曾有楚人或蜀人前来秦国献礼，表明秦在这些诸侯国中尚有威力。
前451	秦左庶长城南郑（在今汉中平原西南部）。		《史记·六国年表》载："（秦厉共公）二十六（年），左庶长城南郑。"	
前441	蜀收复南郑。		《史记·秦本纪》载："躁公二年，南郑反。"	南郑对蜀的北边防线具有重要意义。
前387	秦伐蜀，取南郑。很快，蜀再度光复南郑。	伐蜀取南郑。	《史记·秦本纪》载："惠公十二年，子出子生。十三年，伐蜀，取南郑。" 《史记·六国年表》载："蜀取我南郑。"	

时间	蜀人大事记	秦人大事记	文献	解读
前383		迁都至栎阳。	《史记·秦本纪》载："献公元年，止从死。二年，城栎阳。"	秦迁都是为了与位于其东的魏国作斗争。此时，黄河西岸属魏，而雍城远在关中西部，有鞭长莫及之困。栎阳地处秦与魏交战的前沿，又是商贸（"东通三晋，亦多大贾"）之地，是秦魏交战的战略要地。秦献公将国都迁到这里，表明秦经略东北的意图，亦反映其收复河西之地的决心。
前377	蜀伐楚，取兹方（今湖北松滋）。			
前359		秦孝公任用商鞅，变法图强。	《史记·秦本纪》载："三年，卫鞅说孝公变法修刑，内务耕稼，外劝战死之赏罚，孝公善之。"	商鞅变法是对旧制度的改革。经过两次变法的秦国，"兵革大强，诸侯畏惧"，"家给人足"。秦国逐渐改变了落后、衰弱的状况，一步步强大起来。
前350		迁都至咸阳。	《史记·秦本纪》载："十二年，作为咸阳，筑冀阙，秦徙都之。"	此时，秦已收回河西全部失地，意欲向东扩张。咸阳北依高原，南临渭河，既便于往来，又便于取南山之物产；顺渭河而下，可直入黄河；终南山和渭河之间是通往函谷关的大道，对秦向东发展极为便利。秦都咸阳可谓"据天下之上游，制天下之命者也"。
前337	秦惠文君即位，蜀遣使至秦国朝贺。蜀王与秦王会于褒谷（在今汉中西北）。秦惠文王嫁五女于蜀，蜀遣五丁迎至梓潼（今四川梓潼）。	蜀人来朝。	《史记·秦本纪》载："惠文君元年，楚、韩、赵、蜀人来朝。"	公元前337年，秦惠文君即位，继续贯彻商鞅变法确立起来的制度。他任人唯贤，为秦聚集了法家、兵家、纵横家和墨家等的大批人才。 蜀人来朝，与秦聘享诰命，说明秦蜀之间互致馈遗，一片和平景象。
前325		惠文称王。	《史记·秦本纪》载："十三年四月戊午，魏君为王。"这里"魏君"系"秦君"之误。	公元前325年，在秦相张仪的建议下，惠文王改"公"称"王"，改元为"更元元年"。秦惠文王执政期间，北扫义渠（在今甘肃庆阳西南），西平巴蜀，东出函谷关，南下商（在今河南淅川西南）、於（在今河南西峡县东），为秦的统一打下了坚实的基础。
前316	蜀亡，蜀王遁走，至武阳（今四川眉山彭山区），后为秦军所害，蜀亡。	秦并巴蜀。	《史记·秦本纪》载："九年，司马错伐蜀，灭之。"	楚威王曾言："秦有举巴蜀并汉中之心。秦，虎狼之国，不可亲也。"对此，蜀王也有所察觉，曾率万人东猎于褒谷，在秦惠文王面前炫耀自己的实力。同时，蜀王封苴（jū）侯坐镇汉中，驻节葭萌（今四川广元昭化区），加强了秦蜀边境的军事部署。 《蜀王本纪》载："秦惠王欲伐蜀，乃刻五石牛，置金其后。蜀人见之，以为牛能大便金。牛下有养卒，以为此天牛也，能便金。蜀王以为然，即发卒千人，使武丁力士拖牛成道，致三枚于成都。秦道得通，石牛力也。后遣丞相张仪等，随石牛道伐蜀。" "秦并巴蜀"使秦岭以外西南的广大地区，都归秦国所有。
前314	秦封公子通为蜀侯，移秦民万家入蜀。蜀王子安阳王率部分蜀人南迁，至南越（今广东、广西、海南三省区及越南北部地区），征服雒国（今越南北部地区）。		《华阳国志·蜀志》载："周赧王元年，秦惠王封子通国为蜀侯，以陈壮为相。置巴郡，以张若为蜀国守。戎伯尚强，乃移秦民万家实之。" 《交州外域记》载："后蜀王子将兵三万，来讨雒王、雒侯，服诸雒将。"	秦人移居蜀地，成为秦文化向西南传播的重要条件。

续表

时间	蜀人大事记	秦人大事记	文献	解读
前311	张仪、张若筑成都大城、少城，置盐铁官并长、丞。修整里阓，市张列肆，与咸阳同制。同时在成都的西北和西南两个方向兴建郫(今四川成都郫都区)和临邛(今四川邛崃)二城。蜀相陈壮杀蜀侯通，起兵反秦。		《华阳国志·蜀志》载："（秦）惠王二十七年，仪与若城成都，周回十二里，高七丈。郫城，周回七里，高六丈。临邛城，周回六里，高五丈。……修整里阓，市张列肆，与咸阳同制。"	秦并巴蜀五年之后，张仪和张若效仿咸阳城的建制，修筑了成都城。"与咸阳同制"就是指成都城的整体规划与咸阳一样，分别修筑了大城和少城。
前310	秦王命庶长甘茂、将军司马错率兵入蜀平叛，诛杀陈壮，以张若为蜀郡守。		《华阳国志·蜀志》载："陈壮反，杀蜀侯通国。秦遣庶长甘茂、张仪、司马错复伐蜀，诛陈壮。"	
前308	秦封王子煇为蜀侯。		《华阳国志·蜀志》载："封子煇为蜀侯。"	
前301	蜀侯煇反，秦王遣司马错定蜀。	蜀侯煇反，司马错定蜀。		
前300	秦封蜀侯煇之子绾为蜀侯。			
前285	秦王疑蜀侯绾反，派兵入蜀，诛蜀侯。任命张若为蜀郡守。此后只置蜀郡守，不再封蜀侯。		《华阳国志·蜀志》载："疑蜀侯绾反，王复诛之，但置蜀守。"	秦王三次封王子为蜀侯，却三次疑而诛之，说明秦蜀两地在政治文化方面的隔别，也说明秦对于新占领区蜀地的统治尚缺乏信心。 从公元前316年灭蜀，到公元前285年诛蜀侯绾，经过30余年，秦在蜀地才最终确立起真正意义上的郡县体制，将蜀地纳入秦的统治范围。
前280	秦将司马错率兵从蜀地攻取楚国的黔中（今湖南大部分地区，以及四川东一部分和贵州东北部各县），但不久被楚收复。		《华阳国志·蜀志》载："司马错率巴蜀众十万，大舶船万艘，米六百万斛，浮江伐楚，取商於之地，为黔中郡。"	
前277	蜀郡守张若率兵攻占楚黔中、巫郡及江南地以为黔中郡（其下辖巫县等原为楚占领的巴地）。		《史记·秦本纪》载："蜀守若伐楚，取巫郡及江南为黔中郡。"	秦昭襄王三十年（前277），蜀郡守张若率军进攻楚国，攻取巫郡，占领江南地区，秦国在此设置黔中郡。
约前277—前251	李冰任秦国蜀郡守，开始修筑都江堰(当时称湔堰)，并开发广都(今四川成都双流区)盐井，推广勘察盐井地脉和取卤、煮盐技术。		《史记·河渠书》载："蜀守(李)冰凿离碓，辟沫水之害，穿二江成都之中。" 《华阳国志·蜀志》载："(李)冰乃壅江作堋，穿郫江、检江，别支流双过郡下，以行舟船。岷山多梓、柏、大竹，颓随水流，坐致材木，功省用饶；又溉灌三郡，开稻田。于是蜀沃野千里，号为'陆海'。旱则引水浸润，雨则杜塞水门，故记曰：水旱从人，不知饥馑，时无荒年，天下谓之'天府'也。"	都江堰水利工程集防洪、灌溉等功能于一体，蜀地从此成为鱼米之乡。

续表

时间	蜀人大事记	秦人大事记	文献	解读
前246		嬴政即位。	《史记·秦本纪》载:"五月丙午，庄襄王卒，子政立，是为秦始皇帝。"	嬴政13岁即位，22岁亲政，用了10年（前230—前221）时间先后灭亡韩、赵、魏、楚、燕、齐六国，39岁完成统一大业，建立中国历史上第一个统一的中央集权国家——秦朝。这一体制奠定了中国2000多年政治制度的基本格局，对中国乃至世界历史产生了重大影响。秦始皇因此被明代思想家李贽誉为"千古一帝"。
前229	秦军攻克赵都邯郸（今河北邯郸邯山区），赵王被迁至房陵（今湖北房县）。赵国大批官宦子弟如蔺相如子孙，手工业者如卓氏、程郑等，亦被迁入蜀。			
前221	朝廷下令祭祀名山大川。蜀中的江渎(即岷江)祠被列为官祠。	秦统一六国。		秦统一六国之后，秦始皇在中央创建"皇帝制度"，建立"三公九卿制"以管理国家大事，在地方废除了自周以来的分封制，实行郡、县、乡、里四级行政管理组织的"郡县制"，奠定了中国封建政治制度的基本格局。
前210	秦迁大批上郡（在今陕西榆林南）百姓到蜀郡临邛（今四川邛崃）。		《华阳国志·蜀志》载:"临邛县，（蜀）郡西南二百里，本有邛民，秦始皇徙上郡实之。"	这次移民的直接目的在于充实当地守备，保卫临邛自先秦以来所形成的成都平原城市手工业经济和农业经济与南中半农半牧经济跨区域交流的贸易中心地位。

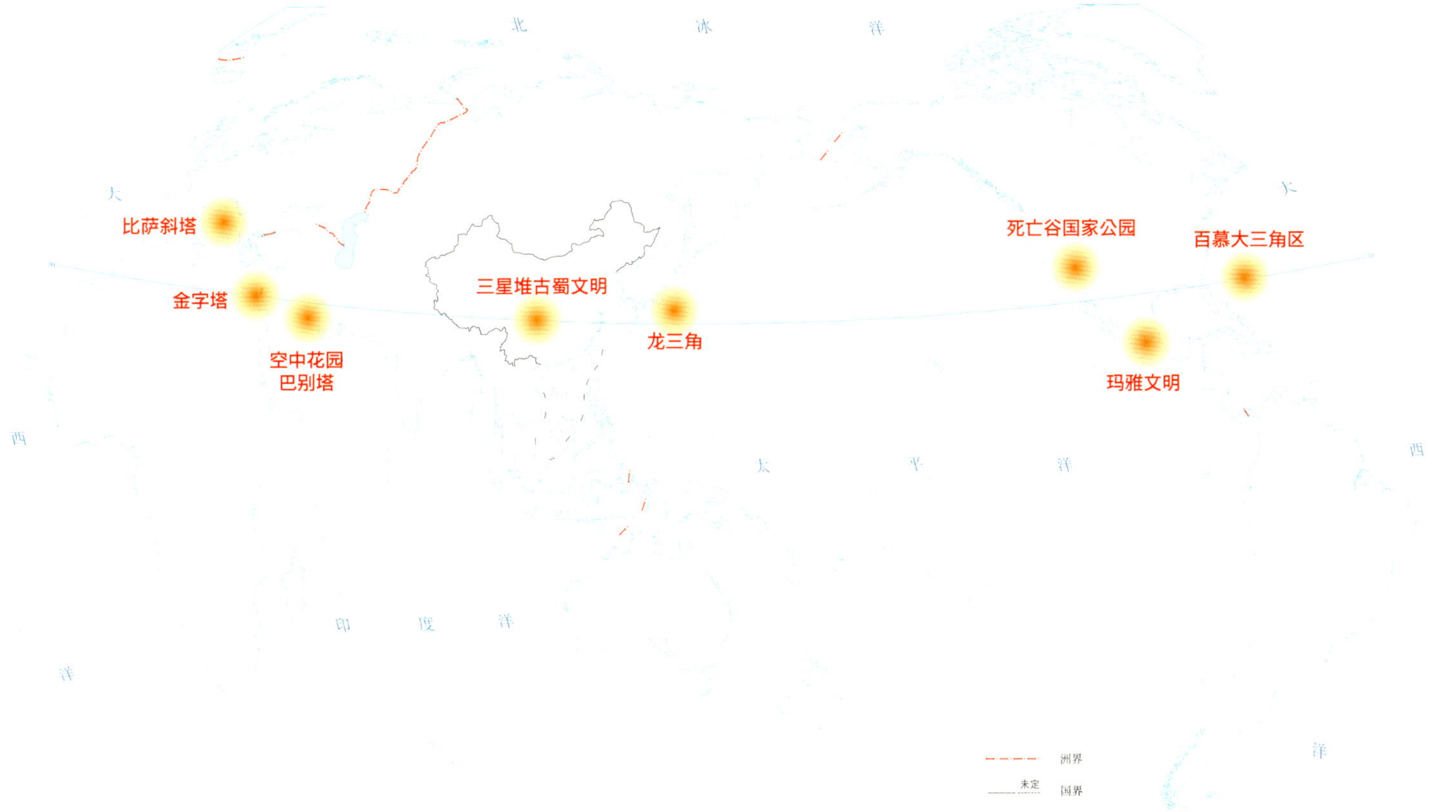

北纬30度的世界古代文明

北纬30度线不仅横穿四大文明古国——古埃及、古巴比伦、古印度、中国，而且北非的撒哈拉沙漠、大西洋的百慕大三角区、西太平洋的龙三角、北美洲的死亡谷国家公园等自然奇观，都在这条神秘的纬线所及范围内。

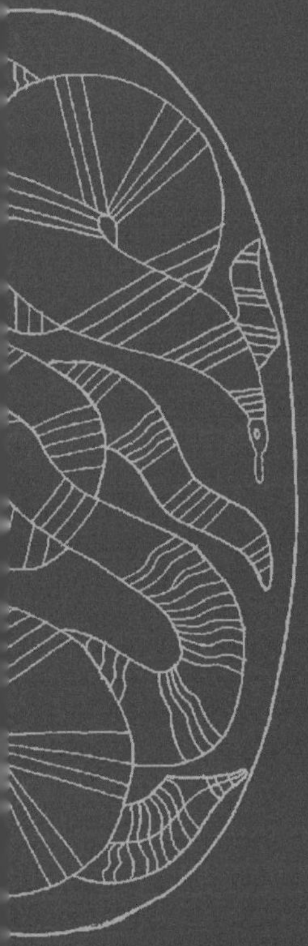

Who are You
—Unique Ancient Shu Civilization

The discovery of Sanxingdui Site, which shocked the world with a sudden "wake-up call", has brought the unique and mysterious ancient Shu civilization into public sight and sparked countless speculations. The successive discoveries of important relics such as Guiyuanqiao Site, Baodun Site, Jinsha Site, and Twelve Bridges Site have also clearly outlined the development process of the ancient Shu civilization for us. Interpreting the connotation of relics and exploring the origin and development trajectory of the ancient Shu civilization, we ask the first question to the unique ancient Shu civilization, "Who are you?"

你是谁

——特立独行的古蜀文明

::『一醒惊天下』的三星堆遗址的发现，使独具特色且神秘的古蜀文明闯入了人们的视野，引发世人无数的猜想。桂圆桥遗址、宝墩遗址、金沙遗址、十二桥遗址等重要遗存的相继发现，也为我们清晰勾勒出古蜀文明的发展历程。在解读遗存的内涵、探寻古蜀文明的起源与发展轨迹前，我们向特立独行的古蜀文明发出第一问：『你是谁？』

距今4500—3600年
宝墩文化，
以宝墩古城、郫县古城等遗址为代表

距今3600—3100年
三星堆文化，
以三星堆遗址主体遗存为代表

距今3100—2600年
十二桥文化，
以金沙遗址为代表

古史寻踪

——文献记载的蜀王世系

缺少文字记载的古蜀，一直是一个谜。在汉代思想家扬雄著的《蜀王本纪》及东晋史家常璩著的《华阳国志》中，古蜀国历经蚕丛、柏灌、鱼凫、杜宇、开明等王朝。他们是传说还是确有其人？他们经历了怎样的人生？有哪些故事？诸多的谜题让古蜀文明越发神秘，引发众多猜测。

“蜀王之先名蚕丛，后代名曰柏灌，后者名鱼凫。”

——［汉］扬雄《蜀王本纪》

“蚕丛及鱼凫，开国何茫然！尔来四万八千岁，不与秦塞通人烟。”

——［唐］李白《蜀道难》

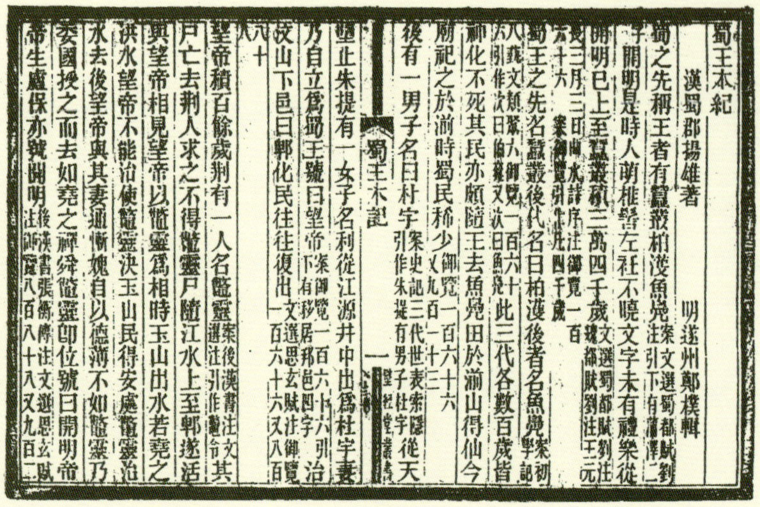
蜀王本紀
漢蜀郡揚雄著　明遂州鄭樸輯
蜀之先稱王者有蠶叢柏濩魚鳧 案文選蜀都賦劉注引下有蒲澤二字 開明是時人萌椎髻左衽不曉文字未有禮樂從開明已上至蠶叢積三萬四千歲 文選蜀都賦劉注魏都賦劉注王元長三月三日曲水詩序注御覽一百六十六 案御覽引作凡四千歲
蜀王之先名蠶叢後代名曰柏濩後者名魚鳧 案初學記八藝文類聚六御覽一百六十六引作次曰伯雍又次曰魚鳧 此三代各數百歲皆神化不死其民亦頗隨王去魚鳧田於湔山得仙今廟祀之於湔時蜀民稀少 御覽一百六十六又九百一十三
後有一男子名曰杜宇 案史記三代世表索隱引作朱提有男子杜宇 從天墮止朱提有一女子名利從江源井中出爲杜宇妻乃自立爲蜀王號曰望帝 案御覽一百六十六引治下有移居邦邑四字 治汶山下邑曰郫化民往往復出 文選思玄賦注御覽一百六十六又八百八十
望帝積百餘歲荊有一人名鱉靈 案後漢書注文選注引作鼈令 其尸亡去荊人求之不得鱉靈尸隨江水上至郫遂活與望帝相見望帝以鱉靈爲相時玉山出水若堯之洪水望帝不能治使鱉靈決玉山民得安處鱉靈治水去後望帝與其妻通慚愧自以德薄不如鱉靈乃委國授之而去如堯之禪舜鱉靈即位號曰開明帝帝生盧保亦號開明 後漢書張衡傳注文選思玄賦注御覽八百八十八又九百二

《蜀王本纪》影印

“古蜀”是蜀吗

◎公元前316年秦并巴蜀，成都平原被纳入秦国版图。秦统一六国以后，不同时代在四川地区建立的政权也多以“蜀”为国号，如三国时期的“蜀汉”、五代十国时期的“前蜀”和“后蜀”等。为了区别这些秦朝以后的政权，一般将公元前316年之前的蜀国称为“古蜀”。

古蜀文化发展序列

时　间	考古学文化		历史时期	文献传说
距今4500—3600年	宝墩文化	包括成都平原史前城址群、三星堆遗址第一期遗存	新石器时代至夏	蚕丛、柏灌（？）
距今3600—3100年	三星堆文化	包括三星堆遗址第二、三期遗存	商代前期	鱼凫、杜宇
距今3100—2600年	十二桥文化	包括十二桥遗址、金沙遗址、三星堆遗址第四期遗存	商代晚期至西周	

宝墩遗址：
已经破解的古蜀密码

Baodun Site:
A Cracked Code of the Ancient Shu

距今4500—3600年，生活在成都平原的先民，为我们留下了八座史前古城，这些古城仿佛一连串神秘的密码，期待今人的解读。这些古城大多建在河流之间的台地上。为抵御敌人和洪水的侵袭，先民们筑起城墙、修建壕沟，部分城址内还发现了大型礼仪性建筑。

这八座古城中的宝墩古城，是成都平原上年代最早、面积最大的古城，也是继石峁、良渚、陶寺之后发现的中国第四大古城。以宝墩古城为代表的宝墩文化，恰如一颗启明星，为我们照亮了古蜀文明的去路，展现了古蜀先民的智慧和古蜀文明在初创时期的活力，成为成都平原的文化之根。宝墩文化作为解读古蜀文明的重要密码，有力证明了成都平原是中华文明起源的重要源头之一，也为中华文明起源呈现多元一体、多元一统的发展格局提供了重要佐证。

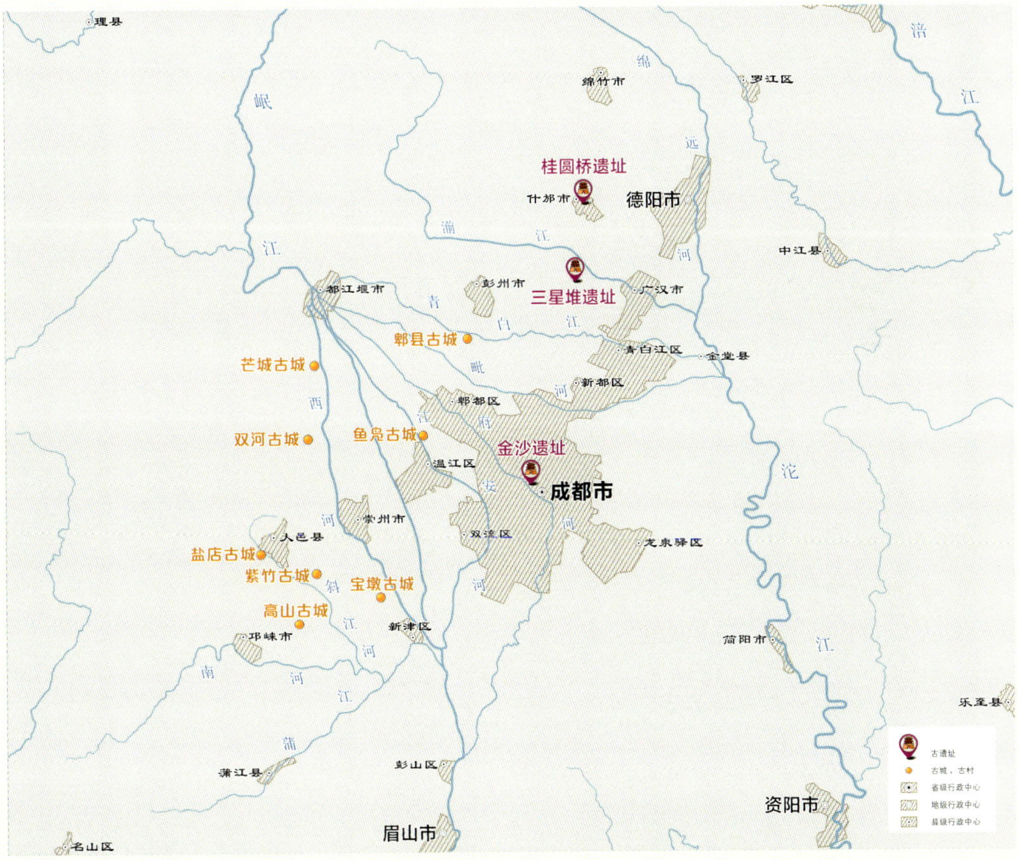

成都平原早期遗址分布图

成都平原史前城址群是指自20世纪90年代中叶以来，在成都平原陆续发现的新津宝墩、都江堰芒城、郫县古城、温江鱼凫、大邑高山、大邑盐店、崇州双河、崇州紫竹等八座史前城址。这些城址分布密集，相邻城址间的直线距离20～30千米，均分布于岷江及其支流两岸的台地上。除宝墩古城外，其余城址面积10万～40万平方米不等。

宝墩文化

◎宝墩文化是一个广泛分布于成都平原的新石器时代的考古学文化，距今4500—3600年，可分为四期七段。该文化涵盖了新津宝墩、温江鱼凫、都江堰芒城、郫县古城、崇州双河、崇州紫竹、大邑盐店和大邑高山等八座古城，并广泛存在于广汉三星堆、成都十街坊、温江红桥村、青白江三星村等50余处遗址之中，在富饶的四川盆地中心地带形成了一个独立的文化区。因它们具有相同的文化特征，且宝墩古城发现的时间最早、遗址面积最大、最具典型性，故这一文化被学术界命名为“宝墩文化”。

◎宝墩文化的社会生产工具以石器为主，具体器型有斧、锛、凿、刀、铲等，形体偏小型化，但磨制精致。在农业生产中，上述石器中的斧、锛、凿三个类型，几乎在宝墩文化的每处城址中都有发现。宝墩文化出土的陶器以泥质陶和夹砂陶为主，代表性器物有敞口圈足尊、喇叭口高领罐、宽沿平底尊等，纹饰以绳纹或线纹为主，制作方法主要为泥条盘筑加慢轮修整。

◎在政治形态上，宝墩文化遗址内发现了三处规格较高且柱网清晰的大型建筑基址。各基址规划齐整，大致分布在南北向的一条直线上。最有特点的是1号基址，其主体建筑房屋为长方形，正东西走向，其南北两侧有厢房，组成了一个完美的“品”字形复合建筑，整体布局主次分明、左右对称。这三处大型建筑基址应为原始社会的公共议事厅或宗教礼仪场所，表示当时社会等级已产生分化，社会进入文明状态。

◎宝墩文化中的石器制造、制陶工艺、筑城技术、大型建筑基址布局、小型建筑营造方式、稻粟种植、家猪养殖等，都深刻影响着其后三星堆文化以及以金沙遗址为代表的十二桥文化的发展，可谓古蜀文明的主源头。

◎宝墩文化孕育了古蜀文明，被认为是三星堆文化的重要来源之一。

宝墩文化哪里来

宝墩人究竟来自何方？

虽然成都平原与周边区域有高山阻隔，但却与外部地区保持着密切的文化交流，这些交流甚至有可能是古蜀文明形成的重要原因。2000年7月，在地处岷江上游中心地带的四川茂县营盘山，考古人员发现了一个距今5000年左右的遗址，出土文物既与宝墩文化相似，又与甘肃、青海地区的马家窑文化有诸多关联。马家窑文化比营盘山文化更早，被普遍认为是古羌人所创造的文化。由此推测，是否有这样一种可能：在新石器时代，一支古羌人从西北高原而下，经岷江上游来到成都平原，成为成都平原最早的开拓者。这支迁徙而来的人群种植小米，最初在成都平原西北至西南靠近山地的边缘地带活动。在距今4500年左右，长江中游的水稻种植技术传入成都平原，这一支古羌人便开始逐渐向平原腹地移动并种植水稻。水稻的种植提供了充足的食物，促进了人口的不断增长，聚落开始增多、扩大。生计方式的改变，最终带来了文化面貌的变化。

所以，宝墩文化是结合了川西高原营盘山遗存与长江中游屈家岭文化及峡江地区有关遗存的文化因素，在碰撞、整合中经重组而创造出的独具地域特色的考古学文化。

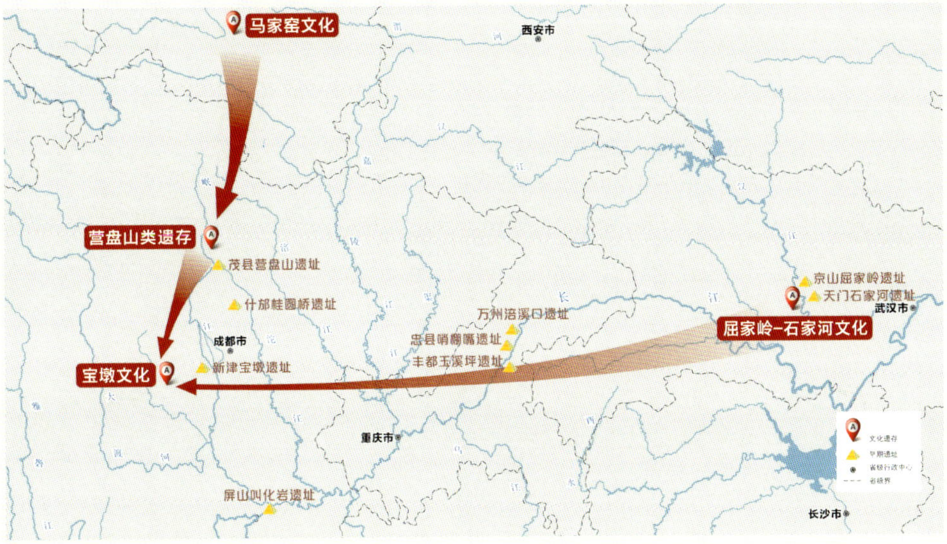

宝墩文化的来源

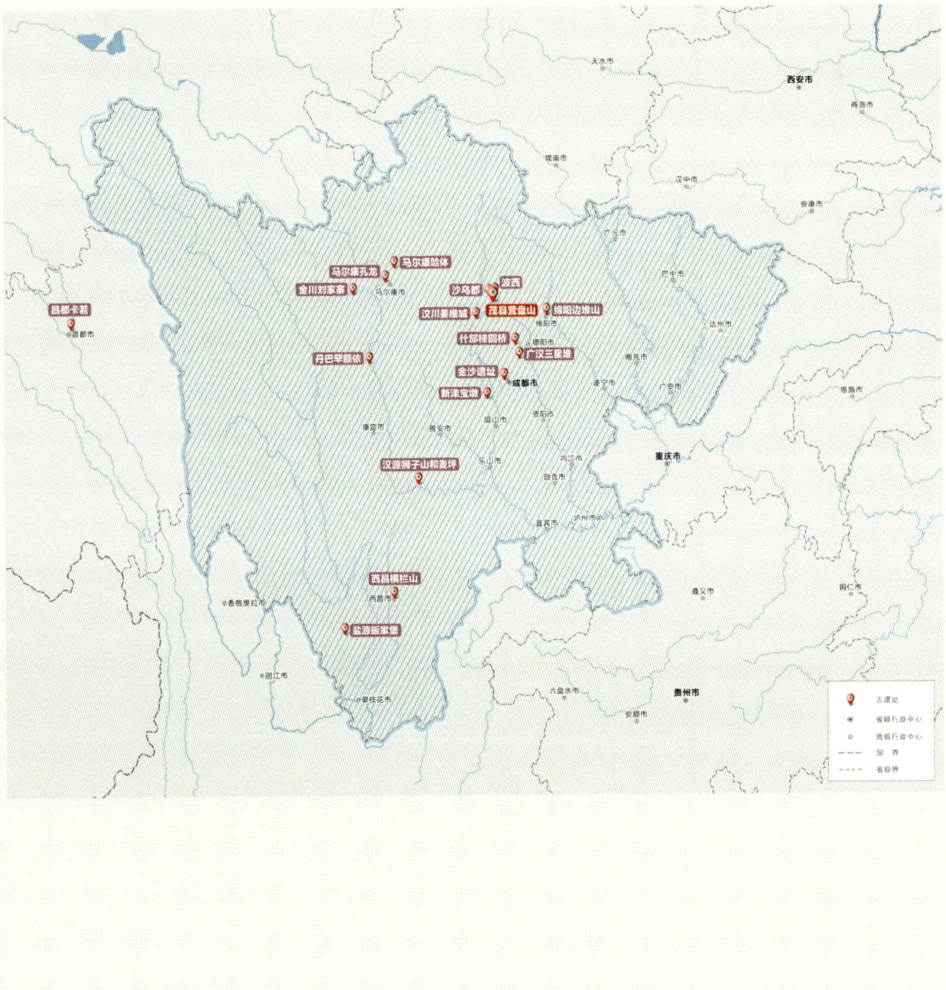

营盘山遗址位置图

营盘山遗址位于四川茂县县城附近，地处岷江上游地区面积最大的一处河谷冲积扇平原之上。遗址总面积近 15 万平方米，距今约 5100 ~ 4800 年，是岷江上游地区目前发现的面积最大、文化内涵最为丰富的新石器时代大型中心聚落遗址。遗址出土陶器、玉器、石器、骨器、蚌器等类遗物近万件；发现的炭化农作物种子主要包括粟和黍两个品种，属典型的北方旱作农业体系。

彩陶瓶

:: 新石器时代

:: 高16厘米 :: 口径7.7厘米 :: 腹径14厘米

:: 四川茂县营盘山遗址出土

:: 茂县羌族博物馆藏

◎ 营盘山遗址出土的彩陶，不但纹饰精美，而且器型丰富有趣，风格与黄河流域出土的彩陶相似。而黄河流域在新石器时代的一个特色文化因素便是彩陶，这也说明了当时两地的先民已有了密切交流。

陶塑人面像

:: 新石器时代

:: 高4.3厘米 :: 宽3.8厘米 :: 厚2.9厘米

:: 四川茂县营盘山遗址出土

:: 茂县羌族博物馆藏

◎ 营盘山遗址出土的陶塑人面像，是目前四川地区发现的时代最早的陶质雕塑作品，并且其面部与甘肃大地湾遗址出土的陶人很相似。

宝墩文化的陶器

宝墩文化陶器以大翻口、平折沿的风格为主，以平底器和圈足器居多。其典型器物有盘口圈足尊、喇叭口高领罐、宽沿尊、壶、盆等。制作方式为泥条盘筑、慢轮修整，圈足、器耳等部位多为二次拼接。

盘口圈足陶尊

:: 新石器时代
:: 宽26厘米 :: 高21厘米
:: 四川成都新津区宝墩遗址出土
:: 成都文物考古研究院藏

喇叭口高领陶罐

:: 新石器时代
:: 宽32厘米 :: 高51厘米
:: 四川成都新津区宝墩遗址出土
:: 成都文物考古研究院藏

高圈足陶尊

::新石器时代
::宽16厘米::高16厘米
::四川大邑高山古城遗址出土
::成都文物考古研究院藏

盘口圈足陶尊

::新石器时代晚期
::高23厘米::口径21厘米
::四川大邑高山古城遗址出土
::成都文物考古研究院藏

侈口绳纹陶罐

:: 新石器时代晚期
:: 口径18厘米 :: 高19厘米
:: 四川大邑高山古城遗址出土
:: 成都文物考古研究院藏

三星堆遗址：人神何以共舞

Sanxingdui Site:
Why did Man and God Dance Together

沿着宝墩人的足迹，古蜀先民跨入了青铜时代。依托于农业的发展和手工业的进步，特殊阶层的权力得到强化，城址规模也更加宏大。三星堆遗址出土的器物，有以神树、神坛、祭司人像和头像为代表的青铜器，有以金杖、黄金面具为代表的金器，有以玉牙璋为代表的玉器，还有数量惊人的象牙、海贝。

居住在三星堆的古蜀先民，信奉神灵，崇拜太阳，以鱼、鸟为图腾，与上天沟通祈求福祉，营造出人神得以共舞的和谐世界。三星堆文化带着古蜀文明的特立独行与神秘璀璨，为成都平原文明的发展翻开了新篇章。

然而，三星堆文明的突然湮没，又令我们对古蜀文明的去向产生了疑惑。

三星堆遗址位置图

三星堆遗址位于今四川广汉三星堆镇（原南兴镇）鸭子河南岸，是迄今为止我国西南地区发现的分布范围最广、出土器物等级最高、文明延续时间最长、文化内涵最为丰富的古文化遗址，总面积约 12 平方千米，遗址主体即城址面积约 3.6 平方千米。

1986 年在遗址祭祀区发掘的 1 号、2 号祭祀坑，出土了青铜神像、青铜人像、青铜神树、黄金面罩、金杖、大玉璋、象牙等珍贵文物千余件。近年来，新发现的 6 座祭祀坑，出土了黄金面具残片、鸟形金饰片、金箔、眼部有彩绘的铜头像、巨型青铜面具、青铜神树、象牙、精美牙雕残件、玉琮、玉石器等重要文物。

甲骨文中的“蜀”

甲骨文中的“蜀”字有多种写法。许慎《说文解字》曰：“蜀，葵中蚕也。从虫，上目象蜀头形，中象其身蜎蜎。诗曰：‘蜎蜎者蜀’。”

有关“蜀”的甲骨卜辞中，具有代表性且内容比较完整的有如下几条（选自《甲骨文合集》，以下简称《合》）：

（1）口寅卜，壳贞：王登人征蜀（《合》6859）；

（2）丁卯卜，壳贞：王敦岳于蜀 （《合》6860）；

（3）……无祸在蜀（《合》20598）；

（4）癸酉卜，我贞：至蜀无祸（《合》21723）；

（5）甲寅卜，臣子来蜀（《合》22374）；

（6）贞：蜀不其受年（《合》9774）。

其中，（1）（2）条记述殷商和蜀之间的战争；（3）（4）（5）条记述殷商之间的关系；（6）条记述殷商和蜀的友好交往。

甲骨文中的“蜀”字

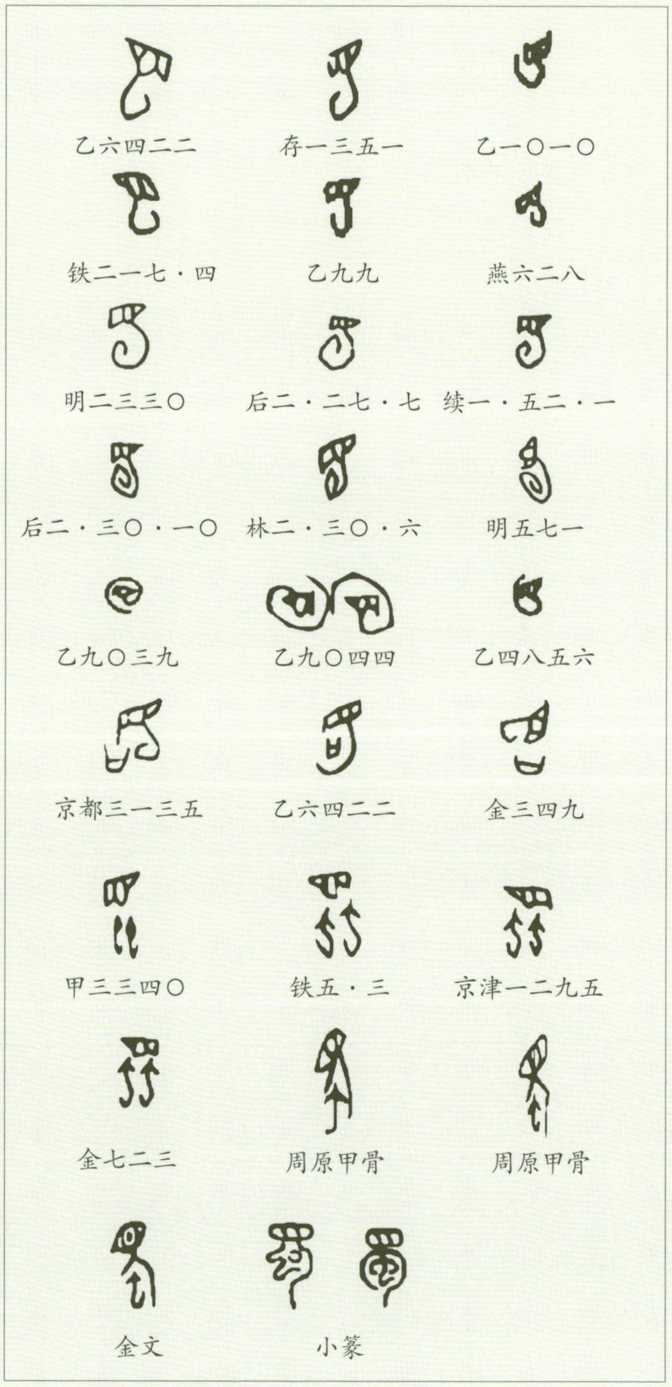

甲骨文中“蜀”字的多种写法

三星堆文化

◎三星堆文化是以四川广汉三星堆遗址为典型遗址命名的考古学文化。它的初创年代相当于中原二里头文化的末期，经历了整个殷商时代，直到商代晚期演变为十二桥文化，成为中国西南地区鼎盛的青铜文化。

◎三星堆遗址最早发掘于1934年，尤其是1986年发掘的2个祭祀坑及其埋藏物，揭示出一个前所未知的区域文明。之后，学术界围绕这两个祭祀坑进行了多层面、多维度的研究，从祭祀坑与埋藏物的年代、性质，到遗存反映的文化面貌、宗教信仰、区域文化交流等，形成了各种理论体系。2019年以来，在三星堆遗址又发现6个埋藏内容更加丰富的祭祀坑，成为我们继续探索三星堆文明的新契机。

◎三星堆文化有一个清晰的形成和发展谱系。从成都平原早期的宝墩文化和长江上中游地区的史前文化中，可以找到与三星堆早期文化相似的因素，说明它们是三星堆文化的源头之一。其后的十二桥文化虽然新出现了圈足罐、敛口罐、高领罐、圈足盆、平底盆、尖底罐、尖底杯、尖底盏等器物，但其早期阶段也有继承了三星堆文化的小平底罐、盉、壶、瓶、觚形杯、高柄豆、鸟头等器物，显示出二者之间的传承关系。

为什么叫“三星堆”

◎打开一幅广汉三星堆遗址的平面图可以看到，它的中心部分就是今天的三星堆古城。古城当中有一条人工开掘的河流，叫马牧河，它把古城一分为二。城内是一些高大的台地，其中一个比较大的台地，像一轮弯月，被称为月亮湾。古城的南面还有三个独立的土堆，正好跟北面的月亮湾相对应，所以富有想象力的当地村民就将这个像三颗星宿伴着一轮弯月的地理景观称为“三星伴月”。这三个“星宿”后来经考古证明也是古城，它在被人为破坏、自然消磨后变成三个独立土堆。“三星堆”因此得名。

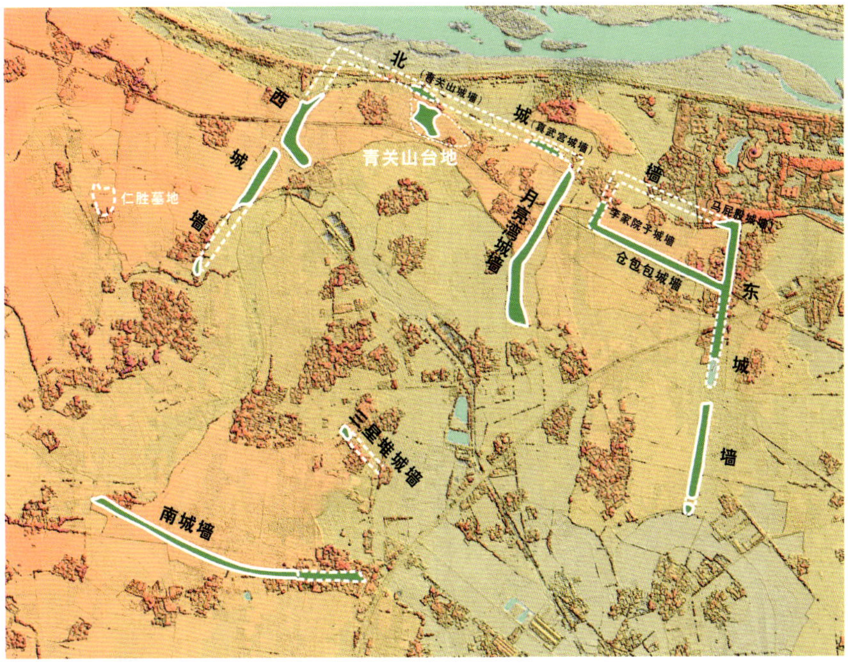

三星堆古城遗址平面图

跪坐铜人像

:: 商代

:: 高11.5厘米 :: 宽5.8厘米 :: 厚2.4厘米

:: 四川广汉三星堆遗址3号祭祀坑出土

:: 四川省文物考古研究院藏

铜人头像

:: 商代

:: 高39.5厘米 :: 耳间距18.5厘米 :: 颈后至鼻尖距16.5厘米

:: 四川广汉三星堆遗址3号祭祀坑出土

:: 四川省文物考古研究院藏

◎ 三星堆遗址中的祭祀坑出土了众多青铜人头像，形式有平头顶、子母口头顶戴双角形头盔，以及圆顶戴帽箍等多种类型，还有垂辫、盘辫、高髻、椎髻等不同发型。这些丰富的人物造像，填补了中国早期青铜雕像艺术的空白。

三星堆文化与中原文化的交流

三星堆文化与中原文化关系密切，是中国青铜时代文化的重要组成部分。三星堆出土的青铜尊、青铜罍，基本上仿照中原同类青铜器的器形，只是在纹饰风格上更具蜀地特色。与中原文化最具共性的，是祭祀坑中出土的大量用于祭祀仪仗的玉璋、玉璧、玉琮。它们与二里头、殷墟出土的同类用于祭祀的玉器非常相似，从造型和功能上反映出偏居西南一隅的古蜀王国深受中原礼仪文化的影响。三星堆还出土了与中原二里头文化相似的镶绿松石铜牌饰、陶盉等器物，留下了与中原文化相关的诸多痕迹。

从青铜器出土的情况来看，在汉中出土的城洋青铜器群中也发现了类似的器型，这说明三星堆文化通过峡江地区的东线和汉中地区的北线，与中原地区的商文化进行着交流互动。

二里头文化与三星堆文化对比图

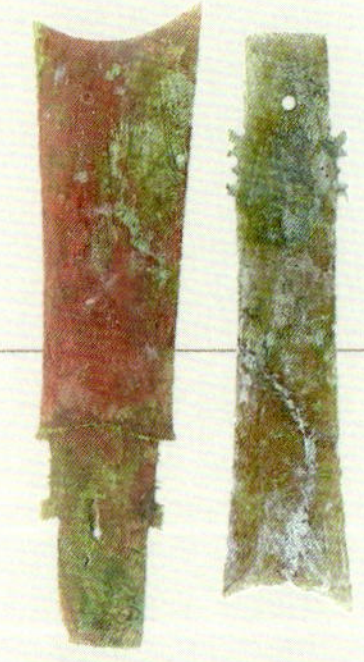

二里头文化牙璋

三星堆文化牙璋

a)

二里头文化
镶嵌绿松石牌饰

三星堆文化
镶嵌绿松石牌饰

b)

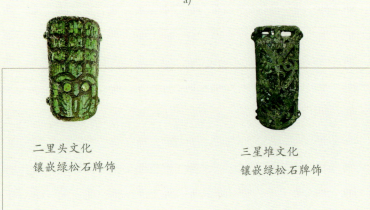

二里头文化
刻画符号

三星堆文化
刻画符号

c)

二里头文化
觚形器

三星堆文化
觚形器

d)

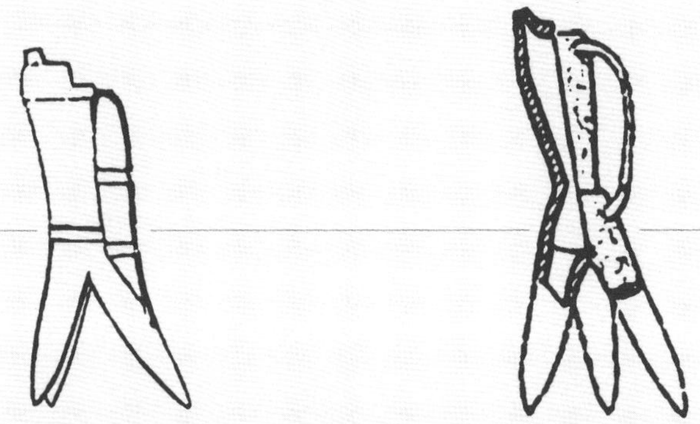

二里头文化
陶盉

三星堆文化
陶盉

e)

兽面纹铜尊

:: 商代

:: 通高39.2厘米 :: 口径37厘米 :: 腹径26厘米

:: 腹深29.3厘米 :: 圈足径22.8厘米

:: 陕西汉中城固宝山镇苏村出土

:: 张骞纪念馆（县博物馆）藏

镂空虎纹铜钺

∷商代

∷通长16.9厘米∷宽12.4厘米∷内宽4.4厘米

∷陕西汉中城固五郎村出土

∷张骞纪念馆（县博物馆）藏

金沙遗址：谁的黄金国度

Jinsha Site:
Whose Golden Kingdom

除了独特辉煌的青铜器，古蜀先民更是将自己的精神世界与信仰记录在了黄金之上，黄金面具、金冠带、太阳神鸟金饰……这些由黄金制成的各类器物，让一个“黄金国度”再次散发出耀眼的光芒。

金沙遗址的发现，仿佛就是为了向我们展示这个3000年前在成都平原上真实存在过的金色世界。金沙遗址出土了大量的金器、铜器、玉器、石器等文物，不但展现出古蜀人发达的制作技术，也为我们描绘出他们曾经繁荣的物质生活和丰富的精神世界。金沙遗址是继三星堆遗址之后发现的又一个重要遗址。两个遗址出土的黄金制品表明，两地的先民有同样的鱼、鸟崇拜，有图案相同的纹饰，还有风格相似的黄金面具。金沙遗址的发现，为我们破解了三星堆文明的去向之谜。

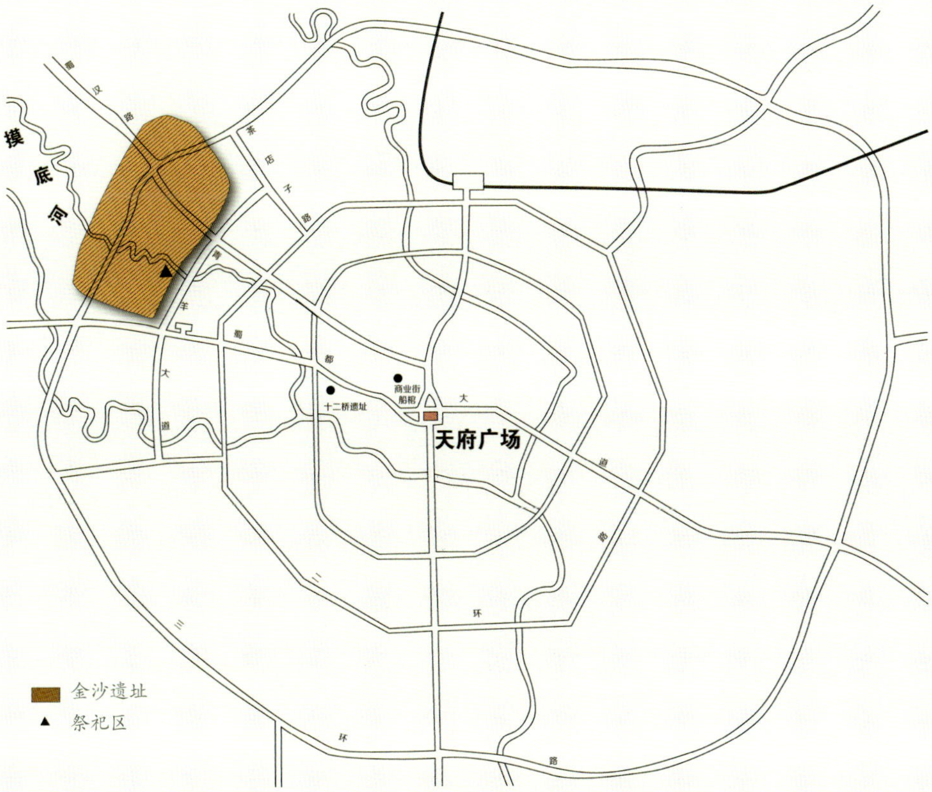

金沙遗址位置图

金沙遗址位于四川成都市区西北苏坡金沙村，是商周时期的古蜀文化遗存，遗址总面积约5平方千米。自2001年年初以来，这里已发现大型建筑基址、祭祀场所、居住址及大型墓地等，出土了具有鲜明古蜀文化特征的金器、铜器、玉器、石器、象牙器、漆器等珍贵文物，以及数以万计的陶片、重以吨计的象牙、大量的野猪獠牙和鹿角等。

金沙遗址功能分区图

从金沙遗址功能区的分布上可以看出，金沙遗址是古蜀文明在成都平原的又一个政治、经济、文化中心，这里或许是商代晚期至西周时期的蜀国都邑。

金沙人来自三星堆吗

◎金沙文化与三星堆文化有紧密的传承关系，二者之间存在显著的文化演变过程，既具共性又存在差别。二者都有专门的祭祀区、居住区、生活区、墓葬区，以稻作农业为主，祭祀文化浓厚，神权政治显著，器型同质化现象较为明显。从遗址分布的整体情况看，均有明确的城市功能分区。但二者也有很多不同，金沙文化不仅有金、铜铸造工艺，而且有发达的玉石器加工工艺、石雕工艺、漆木器制作技术，还出土了大量的鹿角和野猪獠牙，城市功能分区更为明显。

◎研究表明，三星堆遗址早于金沙遗址而存在。三星堆繁盛的时候，金沙也是存在的，只是地位没有三星堆的高，居住的人也不如三星堆的多。商周之际，三星堆逐渐衰落，金沙缓慢发展崛起，成为古蜀国的政治、文化、经济中心。

谁的黄金面具

金沙遗址出土的黄金面具，是璀璨的金器之一。将黄金制成面罩作为青铜人头像的面部装饰，是古蜀人的一大创造性杰作。金沙遗址出土的黄金面具与三星堆遗址出土的黄金面罩，在功能与使用性质上基本相同，都是作为青铜人头雕像的面部装饰而使用的，与古蜀人的祭祀活动关系密切。在古蜀文化中，面具被赋予独特的内涵，折射出古蜀先民的精神世界。

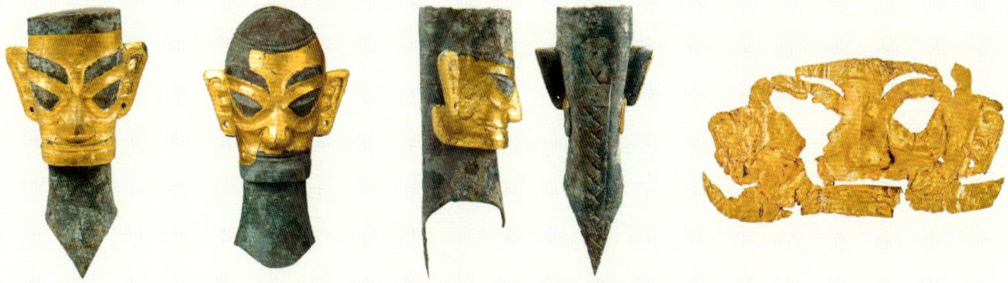

三星堆遗址出土的黄金面具

金沙遗址出土的黄金面具

十二桥文化

◎十二桥文化是成都平原青铜时代的考古学文化，因四川成都十二桥遗址而得名。其主要分布于成都平原，在四川盆地周边及峡江地区也有近似的遗存。重要遗址为十二桥遗址群，以及雅安市沙溪遗址、成都市水观音遗址等。一般认为，成都的金沙遗址、羊子山土台遗址及彭州的竹瓦街窖藏铜器也属于十二桥文化。十二桥文化的主要遗迹有大型房屋建筑、墓葬、祭祀遗存等。陶器以夹砂灰陶为主，多为素面，多尖底器，代表性器物有尖底杯、尖底盏、尖底罐、高领壶、圜底釜等。十二桥文化可分为两期：以十二桥遗址下层为代表的早期，仍含有三星堆文化的因素，相当于商代晚期至西周初期；以成都新一村遗址为代表的晚期，相当于西周至春秋时期。

◎可见，金沙遗址并不是孤立的，它是古蜀国的一个部分。它与其他诸多遗址一起，为世人展现了一个恢宏的古蜀王国。

金沙遗址出土的陶器

金沙遗址出土了上万件陶器，其文化内涵丰富、延续时间长，清晰地展示了金沙遗址文化的发展演变过程。代表性器物有尖底杯、尖底盏、尖底罐、高领壶、圜底釜等。此外，这里还发现了上百座陶窑，较为集中地分布于居住区附近。密集的陶窑也反映出当时制陶业的兴盛，并从侧面折射出当时古蜀都邑繁荣的生活。

尖底陶杯

:: 商代晚期至西周

:: 口径8.2厘米 :: 通高14.7厘米

:: 四川成都金沙遗址出土

:: 成都金沙遗址博物馆藏

高柄陶豆

∷商代晚期至西周

∷口径15.31厘米∷圈足13.53厘米∷高54厘米

∷四川成都金沙遗址出土

∷成都金沙遗址博物馆藏

敞口陶盉

:: 商代晚期至西周
:: 口径11.3厘米 :: 腹径14.4厘米 :: 高30.3厘米
:: 四川成都金沙遗址出土
:: 成都金沙遗址博物馆藏

尖底陶盏

∷商代晚期至西周
∷腹径12.4厘米∷口径11.5厘米∷高5.2厘米
∷四川成都金沙遗址出土
∷成都金沙遗址博物馆藏

小平底陶罐

∷商代晚期至西周
∷高10.4厘米∷口径15.2厘米∷腹径17.8厘米∷底径5.2厘米
∷四川成都金沙遗址出土
∷成都金沙遗址博物馆藏

太阳神鸟金饰

:: 商代晚期至西周
:: 外径12.5厘米 :: 内径5.294厘米 :: 厚0.02厘米
:: 四川成都金沙遗址出土
:: 成都金沙遗址博物馆藏

◎此器金质，整体为圆形，厚度均匀，极薄。图案分为内外两层，均采用镂空的方式表现。内层图案中心为一没有边栏的圆圈，周围等距分布有十二条顺时针旋转的齿状芒，芒呈细长獠牙状，外端尖。整个内层图案好似空中旋转不停的太阳。外层图案由四只相同的逆时针飞行的鸟组成，它们等距分布于内层太阳的周围，引颈伸腿，展翅飞翔，爪有三趾。首足前后相接，向着同一方向飞行。飞行的方向与内层太阳芒纹的方向相反。整个器物采用捶揲、剪切和打磨等多样加工手法，正面打磨光亮，背面未经打磨，较粗糙。此件金饰有着丰富的历史文化内涵，具有重大的历史、艺术和科学价值，是研究商周时期古蜀先民金器制作工艺、青铜文明以及深层次的意识形态的重要实物资料。

尽管『蜀道难』，但古蜀文明在形成、发展的过程中，一直与周边文化保持着密切交流。从营盘山到成都平原的八大古城，从三星堆到金沙，古蜀文明与黄河流域、长江流域的不同文化系统不断碰撞与融汇，逐渐走向认同与融合。

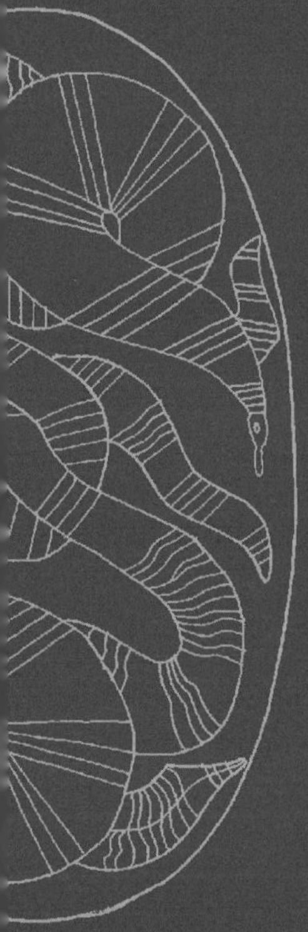

Where are You from

—The Shu Culture under the Collision of Multicultures

Spanning a long historic period that ranges from the late Shang Dynasty (1600 BC-1046 BC) to the Eastern Zhou Dynasty, the discoveries of Sanxingdui Site, Jinsha Site, Xinfanshui Guanyin Site, the bronze wares of Zhuwa Street Cellar in Pengzhou, the Warring States wooden-chambered tomb at Majia of Xindu, the Chengdu commercial street boat-coffin burial, the Shuangyuan village cemetery, and the Chengguan tomb group of the Warring States period in Shifang, fully reflect the interaction and collision of different regional cultures that have presented the Shu Culture in various shines. The discovery of varying numbers of bronze vessels in Shang or Zhou style in a wider area also proves that the Shu Culture at that time was moving from a unique local culture to a regional culture that was more inclusive. This has given us a clear answer to the second question— “Where are you from”.

你从哪里来

——多元文化碰撞下的蜀文化

∷三星堆遗址、金沙遗址、新繁水观音遗址、彭州竹瓦街窖藏、新都马家木椁墓、成都商业街船棺葬、双元村船棺葬、什邡城关战国秦汉墓群等的发现，充分反映出自商代晚期至东周时期，不同区域文化的交互碰撞令古蜀文明散发出不一样的光彩。在更广泛的区域内发现的数量不等的商周式青铜器，也证明此时的蜀文化，正由特立独行的地方文化向更具包容性的区域文化转变。这使我们对第二问『你从哪里来』有了明晰的答案。

商代晚期

西周

约前8世纪—前7世纪初

鳖灵入蜀

东周时期的晚期蜀文化，以成都商业街船棺葬、新都马家木椁墓为代表

前316年

秦并巴蜀

竹瓦街窖藏：
蜀人参与讨伐商纣了吗

Zhuwa Street Cellar:
Did the Shu People Participate in the Campaign against King Zhou of the Shang Dynasty

三星堆文化中出现的中原文化因素，明确地告诉我们，高度发达的古蜀文明在其发展过程中与周边文化进行着多方位的交流。四川彭州（原彭县）濛阳镇竹瓦街出土的青铜器足以说明这一点。竹瓦街窖藏出土有两件铜觯（zhì），分别刻有铭文“牧正父己”和“覃父癸”，它们同样也出现在陕西陇县韦家庄和宝鸡竹园沟強国墓地出土的铜器上。在1976年于陕西周原发现的大批先周卜辞中，也发现了与古蜀国相关的内容，更证实了古蜀与中原之间的密切关系。

早期蜀文化与中原文化的关系

竹瓦街窖藏铜器上的铭文“牧正”“覃”等族名，在陕西的陇县和宝鸡地区均有发现。有学者推测竹瓦街窖藏铜器极有可能是古蜀人参与周武王伐纣时的战利品或周王颁赐的掳获物。也有学者认为，竹瓦街窖藏铜器是蜀地仿制中原商周风格的铜器，是西周青铜器在边缘地区的发展。总之，它们都应属于商周文化系统的范畴。

“牧正父己”铜觯及其铭文拓片

“覃父癸”铜觯及其铭文拓片

商代
四川彭州濛阳镇竹瓦街窖藏出土
四川博物院藏

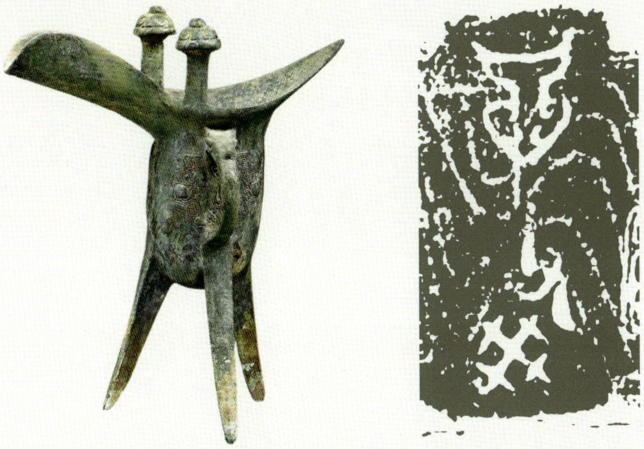

“覃父癸”铜爵及其铭文拓片

陕西宝鸡竹园沟強国墓地出土
宝鸡青铜器博物院藏

“父己”铜觯及其铭文拓片

陕西宝鸡竹园沟強国墓地出土
宝鸡青铜器博物院藏

“牧正”铜尊及其铭文拓片

西周早期
陕西陇县天成公社韦家庄墓葬出土
宝鸡青铜器博物院藏

『覃父癸』铜爵

:: 商代

:: 通高20.2厘米 :: 流至尾长18.3厘米 :: 腹深9.5厘米

:: 陕西宝鸡竹园沟強国墓地M13出土

:: 宝鸡青铜器博物院藏

◎爵是目前所知最早出现的青铜酒器，通行至西周时期，西周中期以后基本不见。该器物长流有尾，两菌柱立于流折处，腹身呈椭圆形，圜底，有一兽头鋬（zhi），三刀足外撇。爵身饰两组兽面纹，兽目凸出，整体以云雷纹衬地。因长期使用，爵身纹饰已磨损不清。鋬内铸有铭文『覃父癸』三字。

兽面纹铜方罍

∷商代
∷通高51.2厘米∷最宽处15.3厘米
∷陕西汉中城固宝山镇苏村出土
∷张骞纪念馆（县博物馆）藏

饕餮纹铜罍

:: 西周

:: 口径17厘米 :: 通高45厘米

:: 四川彭县竹瓦公社七大队四队出土

:: 四川博物院藏

◎此器虽然破损得比较严重，但是其上的夔龙纹依然清晰可见。特别的是，其夔龙纹的风格与強国墓地出土的青铜器非常相似，所以这件铜器无论是从形制或者纹饰来看，都是典型的中原商周风格。

『父己』铜觯

:: 西周

:: 高12.1厘米 :: 口径7.1（短）~8.2（长）厘米

:: 腹深10.3厘米

:: 陕西宝鸡竹园沟強国墓地M7出土

:: 宝鸡青铜器博物院藏

◎ 青铜觯是主要流行于晚商至西周早期的一类重要青铜酒器。该器物上有铭文『父己』。

龙纹小铜罍

:: 西周

:: 带盖通高15.8厘米 :: 口径6.4厘米 :: 腹径7.8厘米

:: 腹深9厘米 :: 足径5.2厘米 :: 重560克

:: 陕西宝鸡茹家庄㢭国墓地M1出土

:: 宝鸡青铜器博物院藏

三角直内铜戈

∷商代
∷通长23.4厘米∷援长16.3厘米
∷内长7厘米∷内宽6.8厘米
∷陕西汉中城固宝山镇苏村出土
∷张骞纪念馆（县博物馆）藏

三角直内铜戈

:: 商代

:: 通长22厘米 :: 内长9.3厘米 :: 内宽5.5厘米

:: 陕西汉中城固宝山镇苏村出土

:: 张骞纪念馆（县博物馆）藏

铜戈

:: 西周

:: 全长26.4厘米 :: 栏宽8.6厘米 :: 高1厘米

:: 四川彭县竹瓦公社七大队四队出土

:: 四川博物院藏

虎纹铜戈

:: 西周
:: 长23.8厘米 :: 内长5.5厘米 :: 内宽3.5厘米 :: 重254克
:: 陕西宝鸡竹园沟强国墓地M19出土
:: 宝鸡青铜器博物院藏

柳叶铜矛

:: 商代

:: 长23.3厘米 :: 刃长16.6厘米 :: 刃宽4.1厘米

:: 骹径1.9～2.6厘米

:: 陕西汉中龙头镇龙头村出土

:: 张骞纪念馆（县博物馆）藏

◎ 矛呈柳叶形，一锋双刃，中有脊，骹下粗上细，下端两侧附半环钮。

桃叶形铜矛

:: 西周
:: 通长22.8厘米 :: 骹长7.5厘米
:: 銎口径2.2厘米 :: 重190克
:: 陕西宝鸡竹园沟𢐗国墓地M18出土
:: 宝鸡青铜器博物院藏

铜钺

:: 商周
:: 长18厘米 :: 宽10.5厘米 :: 厚1厘米
:: 四川汉源富林乡鸣鹿村出土
:: 汉源县文馆所藏

牛首纹铜钺

:: 西周

:: 长14.9厘米 :: 最宽12.4厘米 :: 高2.6厘米

:: 四川彭县竹瓦公社七大队四队出土

:: 四川博物院藏

◎此钺为舌形刃，斜肩，短銎（qióng），切面呈长方形。一面饰牛首纹，肩饰带状圆点纹；另一面仅肩部饰凸弦纹二道，素面。

人面纹铜钺

:: 商代

:: 通长16.2厘米 :: 銎深15.7厘米 :: 刃宽13厘米

:: 陕西汉中龙头镇龙头村出土

:: 张骞纪念馆（县博物馆）藏

◎此钺为圆形宽刃，刃叶由厚渐薄。柄为銎状。銎有三道弦纹，銎两侧有半环形附耳相连。该器物以人面为纹饰，具有明显的地方特色。

人面铜铺首

:: 商代

:: 高15.7厘米 :: 宽16.2厘米

:: 陕西汉中城固宝山镇苏村出土

:: 张骞纪念馆（县博物馆）藏

◎一九七六年十月，在城固县苏村小冢发现了二十三件青铜面具。这组青铜面具的脸形有椭圆和圆形两种，目框深凹，眼球外凸，中有圆扎。面具脸壳外凸内凹，五官位置与人的面部相近。器形为两耳直立，悬鼻突起，透雕獠牙。这些青铜面具与商代大兴巫术的风气有关。

牛首铜泡

:: 西周

:: 通高12.1厘米 :: 两耳间横宽7.9厘米 :: 重130克

:: 陕西宝鸡竹园沟强国墓地M13出土

:: 宝鸡青铜器博物院藏

牛面铜铺首

:: 商代
:: 高19.5厘米 :: 宽17.5厘米
:: 陕西汉中城固宝山出土
:: 张骞纪念馆（县博物馆）藏

◎形似牛首，牛角粗大，大眼突起，面相凶恶。

铜人（男）

:: 西周

:: 高17.8厘米 :: 銎口径1.2（短）~3.6（长）厘米

:: 肩宽5.2厘米

:: 陕西宝鸡茹家庄強国墓地M1出土

:: 宝鸡青铜器博物院藏

◎ 铜人为男性，整体做站立状。光头，圆脸，尖颌，颧骨突出，额头较窄，眉目细长，大鼻头隆起，两耳较大。双臂弯曲至右肩，两手似有所握，呈圆环状。身着袍服，交领垂于胸，长袖至腕部，腰身较细，束宽带，袍服长至足踝，前腹悬长条形『蔽膝』。衣下缘有方孔，铜人应插在木质座上。该器物可能与祭祀或巫术活动有关。

铜人（女）

:: 西周

:: 高11.6厘米 :: 重0.13克

:: 陕西宝鸡茹家庄強国墓地M2出土

:: 宝鸡青铜器博物院藏

◎ 该铜人为半身立像，女相，圆脸尖颌，额头较宽，额顶有三叉形铜发饰，两大耳，面部隆起，颧骨突出，眉目清秀，尖鼻头，胸脯丰满，腰身修长，有披肩，身着对襟，左衽，宽袖窄口，双手握圆环，做舞蹈状。铜人中空，背部有钉孔，下身有椭圆形銎口，使用时应插立木座上。该器物出土时与青铜礼器一起放置于头向处的棺椁间，可能与祭祀或巫术活动有关。

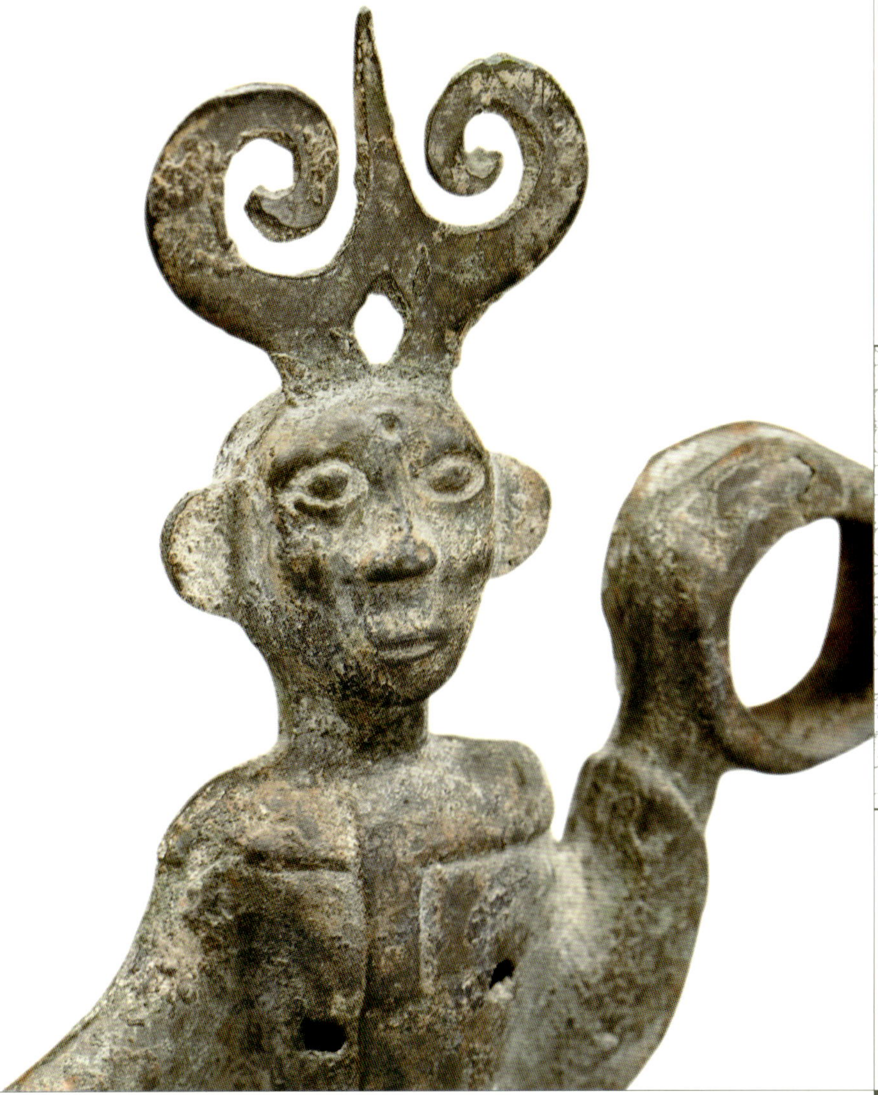

蛇形铜泡（一组三件）

:: 西周

:: 直径6.2厘米 :: 重540～560克

:: 陕西宝鸡竹园沟強国墓地M13出土

:: 宝鸡青铜器博物院藏

◎ 铜泡由一条蛇蟠屈而成。

铜镰形器（一组三件）

∷商代

∷外弧长43.7～49厘米∷宽3～8.5厘米∷銎深2～3厘米

∷陕西汉中龙头镇龙头村出土

∷张骞纪念馆（县博物馆）藏

◎器形似镰，故称镰形器。器身下端似矛，骹下有銎入柄，但刃部双面曲长，中有一筋状脊，宽锋。此种镰形器在商代是首次发现，具有地方特色。

尖底陶罐

:: 西周

:: 高9.5厘米 :: 口径9.5厘米

:: 陕西宝鸡竹园沟BZM22出土

:: 陕西历史博物馆（陕西省文物交流中心）藏

◎ 尖底陶罐是四川地区早期蜀人的有代表性的陶器类型之一。四川广汉、新繁水观音早期蜀人墓葬与竹园沟墓地时代一致，两地所出尖底陶罐器形十分相近。

陶罐

:: 西周

:: 高13.2厘米 :: 口径11.3厘米

:: 陕西宝鸡竹园沟BZM6出土

:: 陕西历史博物馆（陕西省文物交流中心）藏

新都大墓：
是蜀王"开明"吗

Xindu Tomb:
Was the King of Shu "Enlightened"

新都马家木椁墓是四川省境内迄今所见古蜀王国开明王朝时期（战国时期）最大的一座墓葬，学界推测该墓为某代开明蜀王之墓。墓室底部的腰坑出土了188件青铜器，它们是同期所见种类最多、组合最齐全、级别最高的铜器，体现了一代蜀王的王者气派，也表现出器尊楚风的时代风尚。随葬的大部分铜器上刻铸巴蜀符号，其以五件为一组的现象最为特别，可能是古蜀文化中特有的一种现象；列鼎与列罍、列鍪（móu）、列釜等并存的现象，则是中原文化礼器制度与古蜀文化器用制度相互融合的见证。

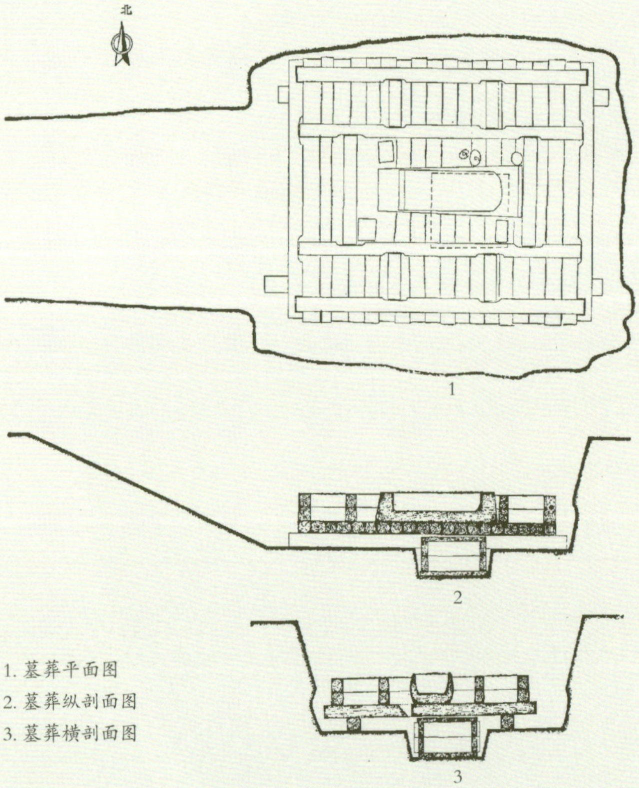

1. 墓葬平面图
2. 墓葬纵剖面图
3. 墓葬横剖面图

新都马家木椁墓平、剖面图

1980年3月，在四川新都（今四川成都新都区）马家公社发现一座带斜坡墓道和腰坑的长方形土坑木椁墓。这是一座"甲"字形大墓，其棺为独木舟式的船棺，是四川地区迄今发现的春秋战国时期等级最高的一座墓葬。墓内随葬的青铜礼器、兵器和工具多遵循五件成组的特殊数量关系，此种器物组合关系在四川地区尚属首见。

蜀楚关系

《太平御览》引《蜀王本纪》载："荆有一人，名鳖灵，其尸亡去，荆人求之不得。鳖灵尸至蜀，复生，蜀王以为相。时玉山出水，若尧之洪水，望帝不能治水，使鳖灵决玉山，民得陆处。……帝自以德薄，不如鳖灵，委国授鳖灵而去，如尧之禅舜。鳖灵即位，号曰开明奇帝。"

蜀楚两地，江水相连，一苇可航。从春秋中叶到战国，蜀楚文化互有交流。公元前377年，蜀伐楚，取兹方。此后至秦并巴蜀前，再无两国交兵的记录，但相互交往日益增多。蜀楚两国的漆器制造业相互影响较大，楚国的青铜器则不断流入蜀地，也有不少楚人迁入蜀地。新都马家木椁墓出土的"邵之飤(sì)"鼎，其上铭文和造型风格与典型的楚式青铜器相似，"邵"极可能就是楚国贵族三大姓之一的"昭"。这证实了楚文化对蜀文化的深厚影响，也说明了二者密切的往来关系。

新都马家木椁墓出土的铜印章拓片

"邵之飤"铜鼎及其铭文拓片

铜敦

:: 战国
:: 口径19厘米 :: 高26厘米
:: 四川新都马家公社木椁墓出土
:: 四川博物院藏

四耳铜壶

:: 战国

:: 口径12.6厘米 :: 高35厘米

:: 四川新都马家公社木椁墓出土

:: 四川博物院藏

铜甑

∷战国

∷口径20.7厘米∷高27.5厘米

∷四川新都马家公社木椁墓出土

∷四川博物院藏

单耳带盖铜鍪

::战国中期

::口径11.5厘米::腹径17厘米::通高19厘米

::四川成都新都区河屯金马村征集

::杨升庵博物馆藏

虎斑纹铜戈（一组五件）

::战国

::长26.5厘米::阑宽13.5厘米

::四川成都新都区马家公社木椁墓出土

::四川博物院藏

平肩圆刃铜钺（一组五件）

::战国

::长18.5厘米::宽8.9~9厘米::最高4厘米

::四川新都马家公社木椁墓出土

::四川博物院藏

铜斤（一组五件）

∷战国

∷长16.2厘米∷宽2.5厘米

∷四川新都马家公社木椁墓出土

∷四川博物院藏

◎斤是我国古代的一种生产工具。刃前端弯曲，长方形銎，器身阴刻巴蜀图语。

铜削（一组五件）

:: 战国

:: 长25.2厘米 :: 最宽2.4厘米 :: 高0.4厘米

:: 四川新都马家公社木椁墓出土

:: 四川博物院藏

船棺之谜：
是逆流而上还是顺流而下

The Mystery of Boat Coffin:
Going Upstream or Downstream

船棺葬是以圆木加工成独木舟形棺为葬具的一种墓葬形式，是起源于古蜀文明的一种丧葬习俗，主要分布在以成都为中心的平原地区、川东及重庆部分地区，具有浓厚的地方特色。这种独特的墓葬形式，即将船棺作为载魂之舟，是晚期巴蜀文化的标识性遗存，也是当时人们宗教意识的体现。

成都商业街船棺葬

2000 年 7 月底开始发掘的成都商业街船棺、独木棺葬，是一座大型的多棺合葬的竖穴土坑墓，共出土陶器 103 件、铜器 20 件、漆竹木器 153 件，是迄今为止我国发现的最大规模的船棺、独木棺葬。宏大的墓室建筑、巨大的船棺、多具殉葬棺木以及大量的陪葬品和精美的器物，都显示出墓主生前的显赫地位，同时说明此时古蜀国的宗教礼仪制度已达到了相当的高度。该墓葬可能是一处极为罕见的古蜀国开明王朝的王族或蜀王本人的家族墓地，为研究晚期蜀文化提供了极其珍贵的实物资料，具有重要的历史、文化、科学和艺术价值。

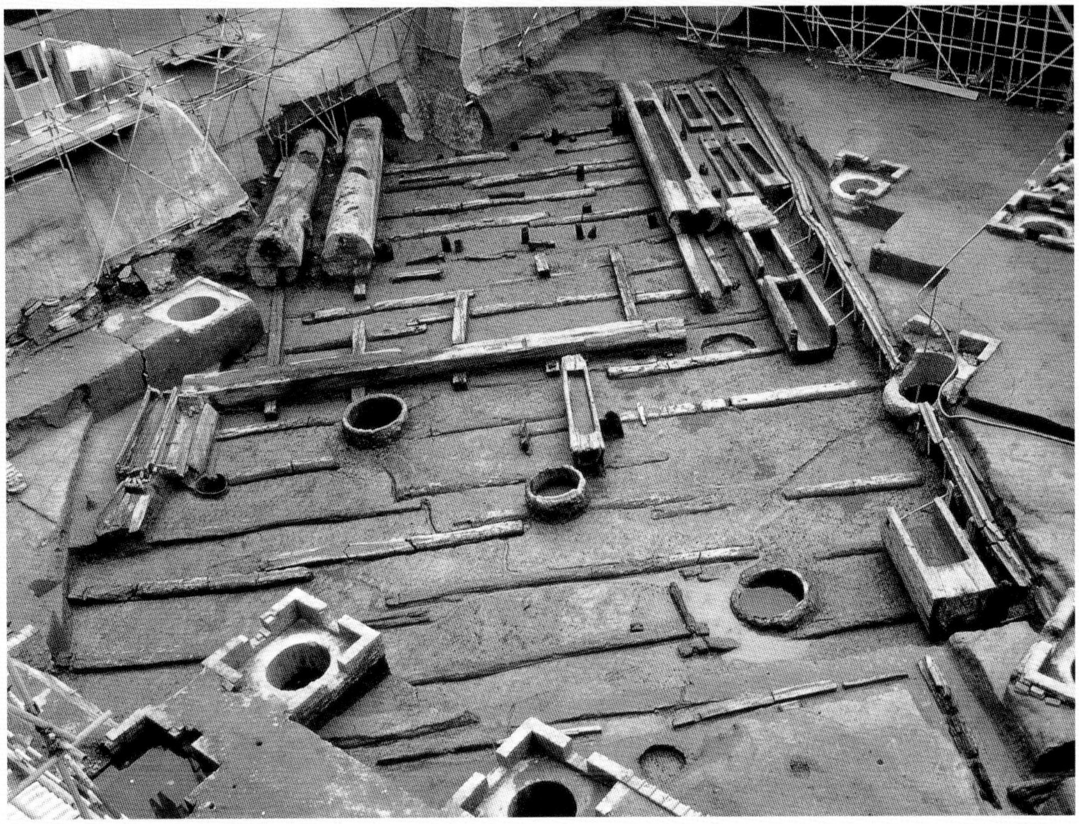

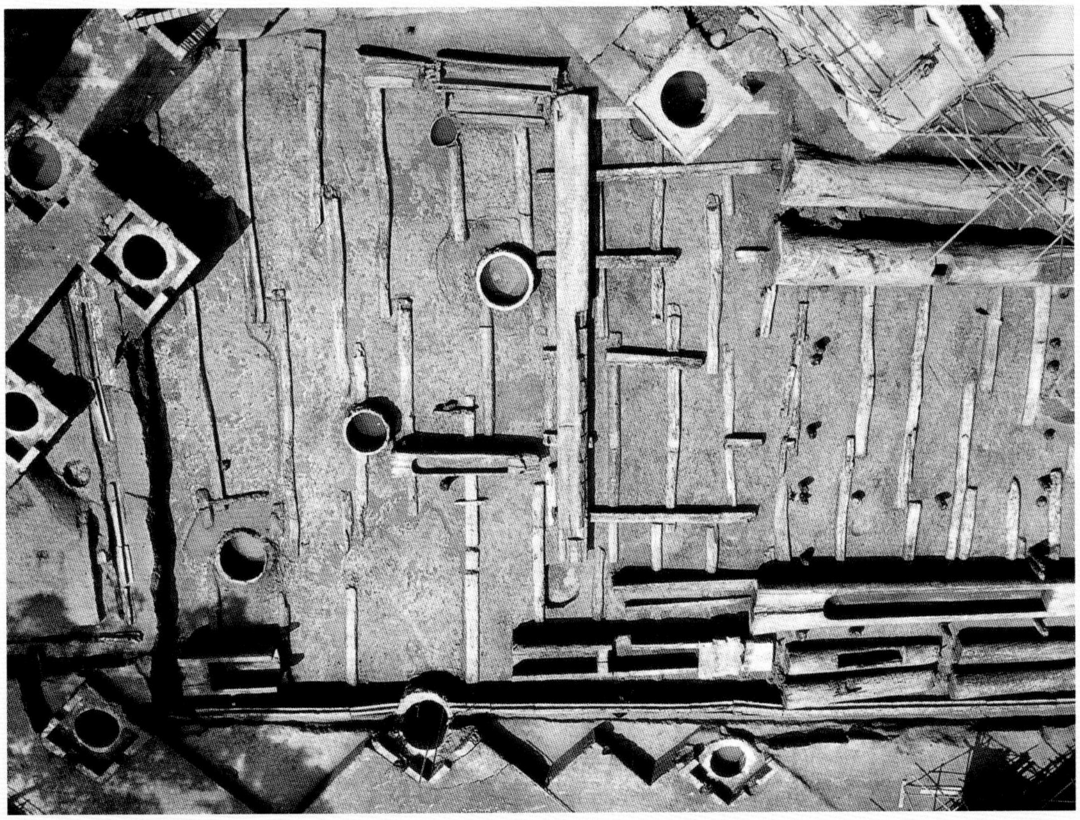

成都商业街船棺葬 1 号墓发掘现场

这是一座大型的多棺合葬的长方形竖穴土坑墓，墓坑长 30.5 米、宽 20.3 米，面积约 620 平方米。墓坑中发现船棺、独木棺等葬具共 17 具，均由棺盖和棺身组成，且其方向与墓坑的方向保持一致，依次平行排列于墓坑之中。这些棺木都是一次性葬入坑内的。

成都商业街船棺葬 2 号棺出土漆几复原图（俯视）

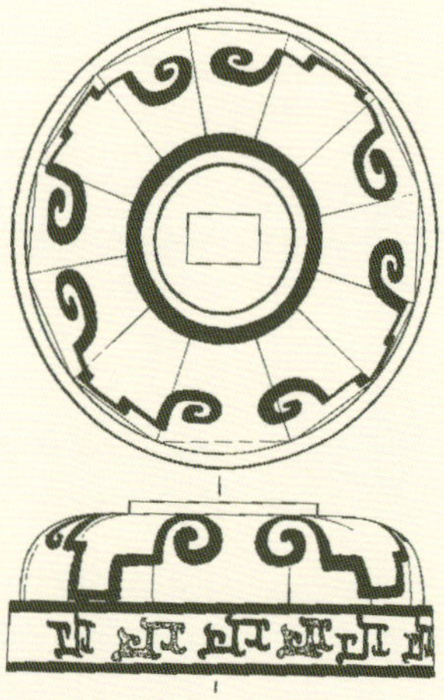

成都商业街船棺葬 11 号棺出土漆器器座线图

成都商业街船棺葬 2 号棺出土漆盒及其线图

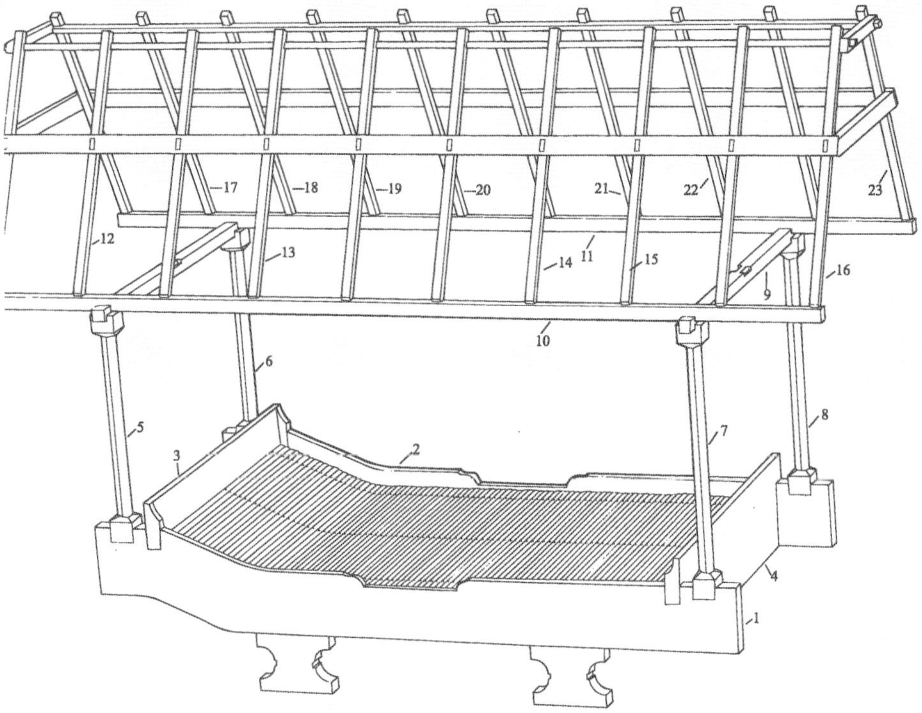

a）2号棺出土 B 型漆床复原示意图（一）

1、2. 床侧板　3. 床头板　4. 床尾板　5~8. 床立柱　9~11. 床梁　12~23. 床顶盖构件

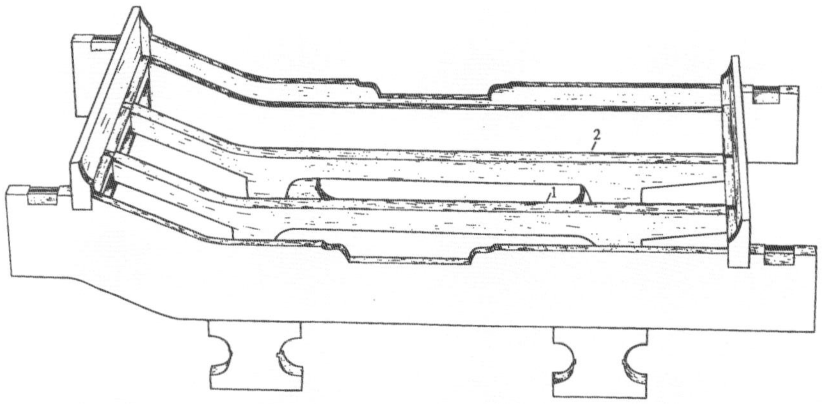

b）2号棺出土 B 型漆床复原示意图（二）

1、2. 床撑

成都商业街船棺葬 2 号棺出土 B 型漆床复原示意图

成都商业街船棺葬出土的漆器种类繁多。其均为木胎漆器，造型精美；髹黑漆再朱绘纹样，绘画技法基本是单线勾勒加平涂。这些发现说明，最晚在战国早期，蜀人就已经掌握了相当发达的漆器制作工艺，其制作的漆器可与同时期的楚国漆器媲美。这意味着，成都漆器制作工艺发达的时间提前了近 300 年。

双耳陶瓮

::战国
::高40厘米::宽27厘米
::四川成都商业街船棺葬出土
::成都文物考古研究院藏

陶器盖

∷战国
∷口径15.6厘米∷通高4.8厘米
∷四川成都商业街船棺葬出土
∷成都文物考古研究院藏

陶浴缶

∷战国
∷盖：径19.3厘米∷高6.4厘米
∷浴缶：口径18厘米∷最大腹径32.1厘米
∷底径16.6厘米∷高23.6厘米
∷四川成都实业街出土
∷成都文物考古研究院藏

喇叭口陶罐

::战国
::口径13.9厘米::腹径18厘米
::底径10.8厘米::高16.7厘米
::四川成都实业街出土
::成都文物考古研究院藏

成都商业街船棺葬出土漆器

成都商业街船棺葬出土的漆器数量众多，均为木胎，胎体厚实，由斫制、挖制或雕刻而成，部分器物先分别制作构件再以榫卯联结。木胎制成后在黑漆地上朱绘纹样，纹样以成组的蟠螭纹、回首状龙纹为主，还有窃曲纹和刻划符号等。

漆案足
:: 战国
:: 长44～48.5厘米 :: 厚6厘米
:: 四川成都商业街船棺葬出土
:: 成都文物考古研究院藏

漆器座

:: 战国
:: 直径21厘米 :: 高5.5厘米
:: 四川成都商业街船棺葬出土
:: 成都文物考古研究院藏

漆床（一套八件）

∷战国

∷通长195厘米∷通宽100厘米∷通高65厘米

∷四川成都商业街船棺葬出土

∷成都文物考古研究院藏

◎此件成都商业街船棺葬二号棺出土的A型漆床，现存二十五个构件，包括床头板、床尾板、床侧板、床撑、床立柱、床梁、床顶盖等，使用榫卯结构联结。通体髹黑漆，用朱、赭两色在黑漆地上绘制回首状龙纹、蟠螭纹等纹饰，方式有单线勾勒和填涂等。

方形铜印

:: 战国
:: 边长4.5厘米
:: 四川成都商业街船棺葬出土
:: 成都博物馆藏

狩猎纹铜壶

:: 战国

:: 通高41.4厘米 :: 腹径26厘米

:: 四川成都青羊小区出土

:: 成都博物馆藏

◎壶口微侈，颈部瘦长，椭圆形腹，矮圈足。肩部两侧有对称的铺首衔环一对。从壶颈口部至圈足，全身分为七段，均有不同的图案和纹饰绘制其上。主题图案有羽人仙鹤图、狩猎图、三足乌向日图等。在三组图案之间，分别由几何菱形纹、蟠螭纹、云雷纹等纹饰间隔。

双元村东周墓群

双元村东周墓群位于四川成都青白江区大弯镇双元村，距成都市中心 27 千米。2016 年 5 月至 2018 年 7 月，考古工作者在这里共发掘了西周末期至战国中期的墓葬 270 座，均为无墓道的竖穴土坑墓，依据葬具分为船棺葬、木椁墓和无葬具三类。墓葬等级分化明显，是以船棺葬为特色的晚期蜀文化遗存，为研究开明王朝时期的蜀国历史进程提供了丰富的实物资料。其中，文化内涵丰富的 M154 是座成年女性墓，也是 270 座墓葬中等级最高的，墓主应与成都商业街船棺葬中的开明氏王族成员有一定的联系。

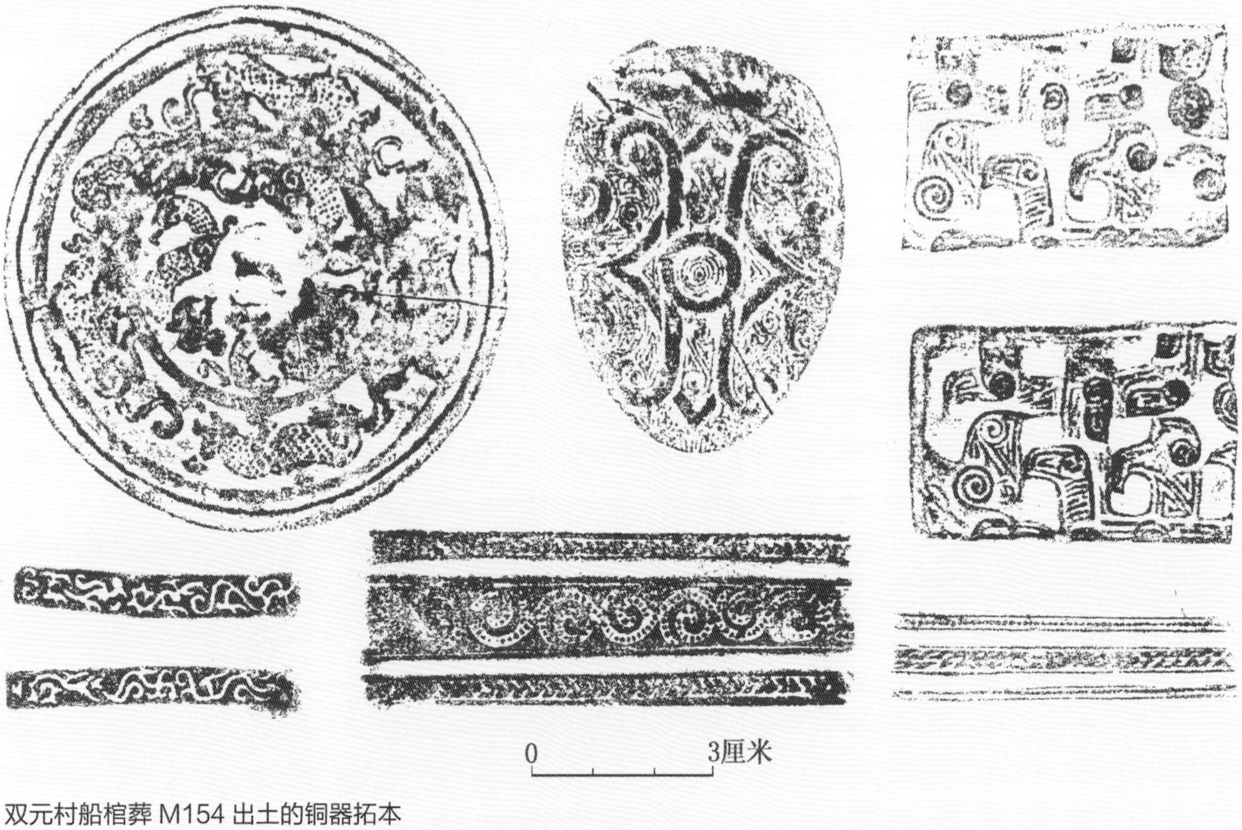

双元村船棺葬 M154 出土的铜器拓本

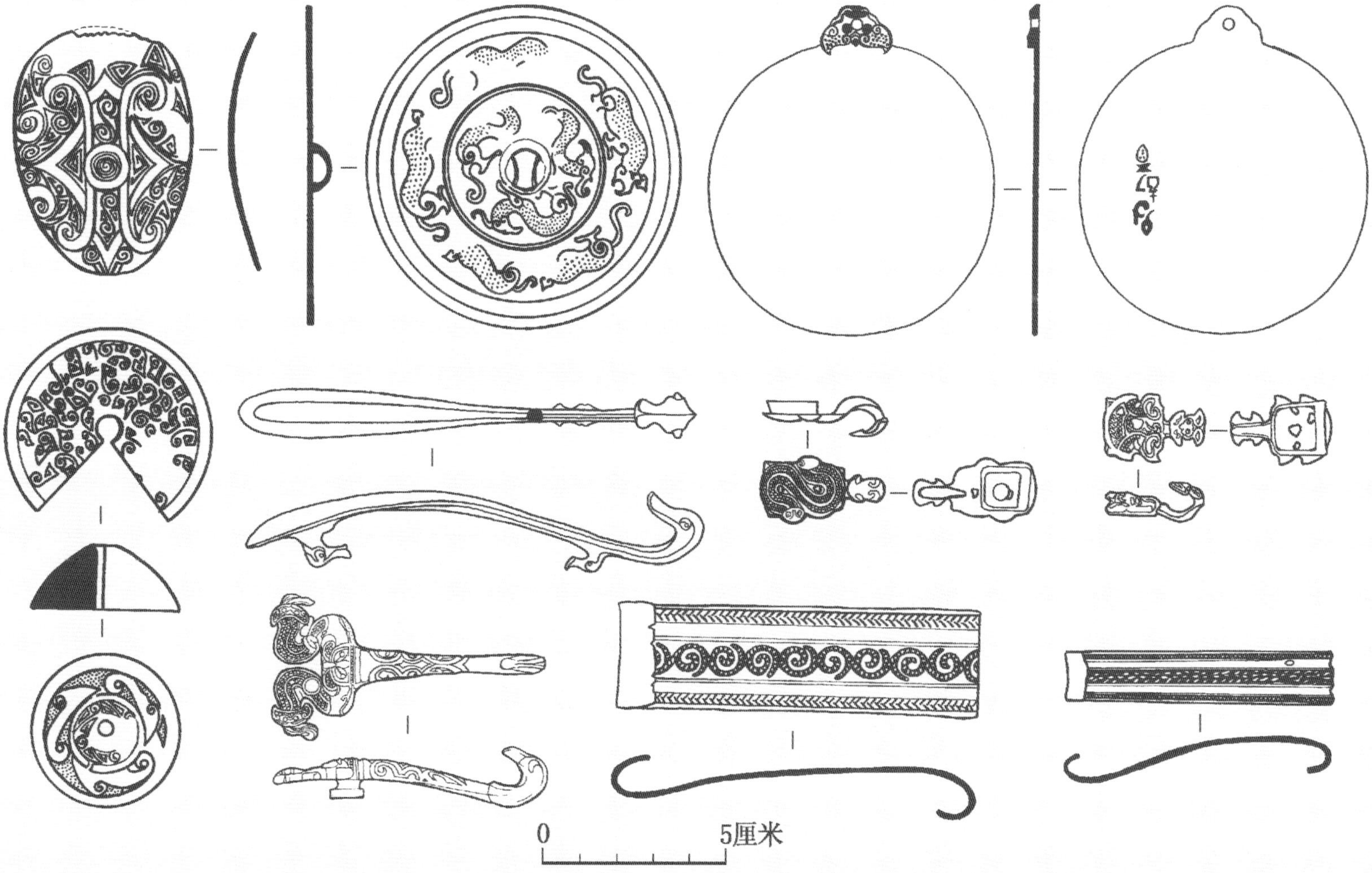

双元村船棺葬 M154 出土的铜器线图

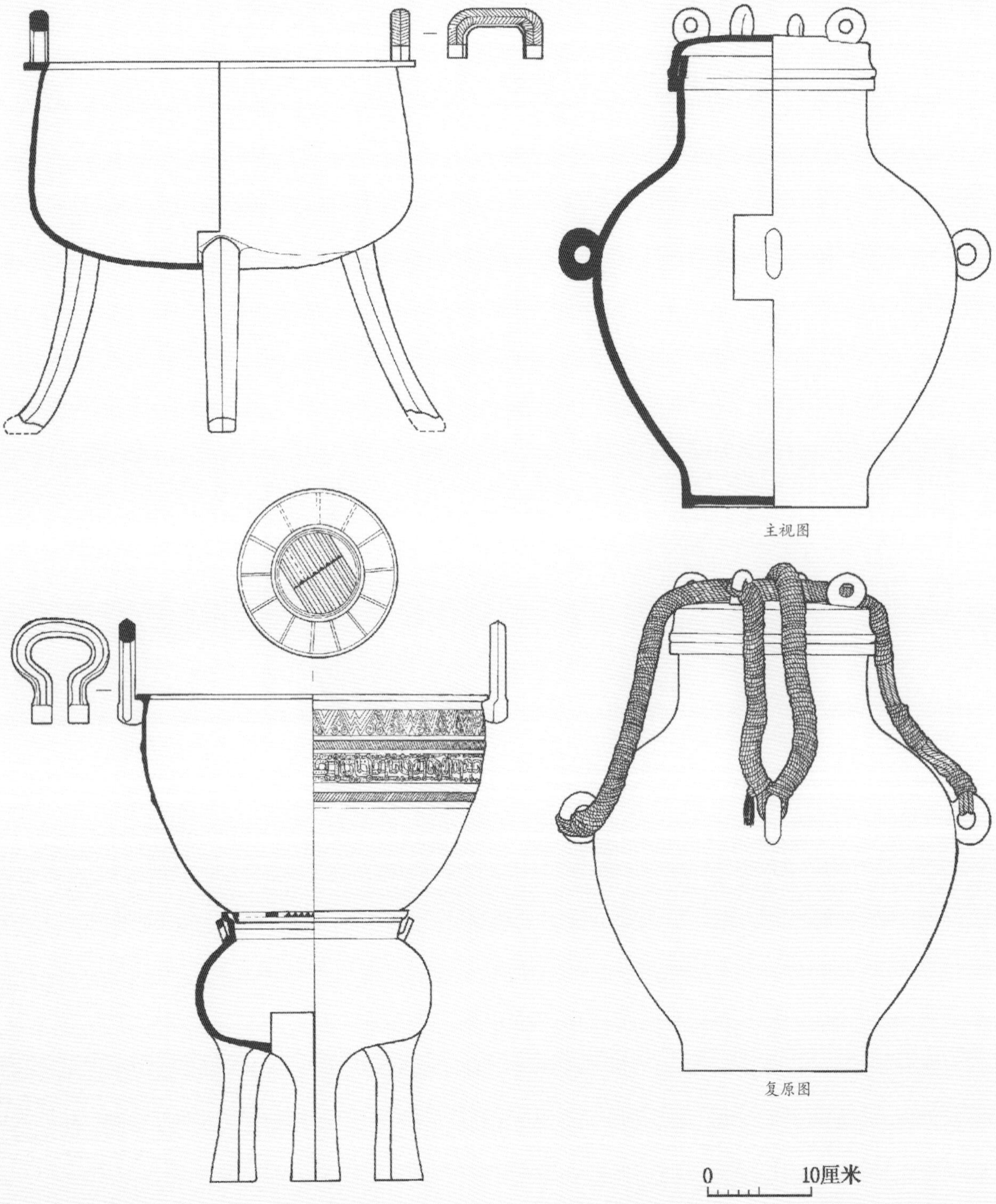

双元村船棺葬 M154 出土的铜容器线图

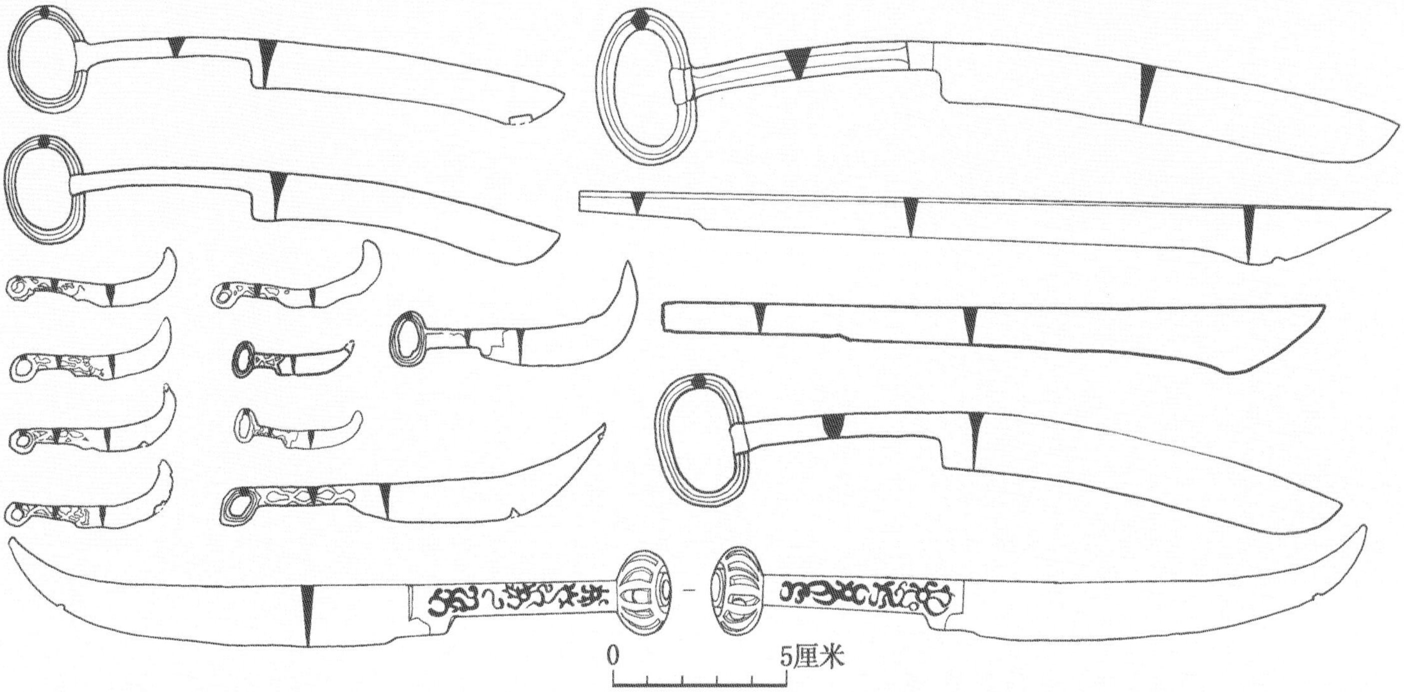

双元村船棺葬 M154 出土的铜刀线图

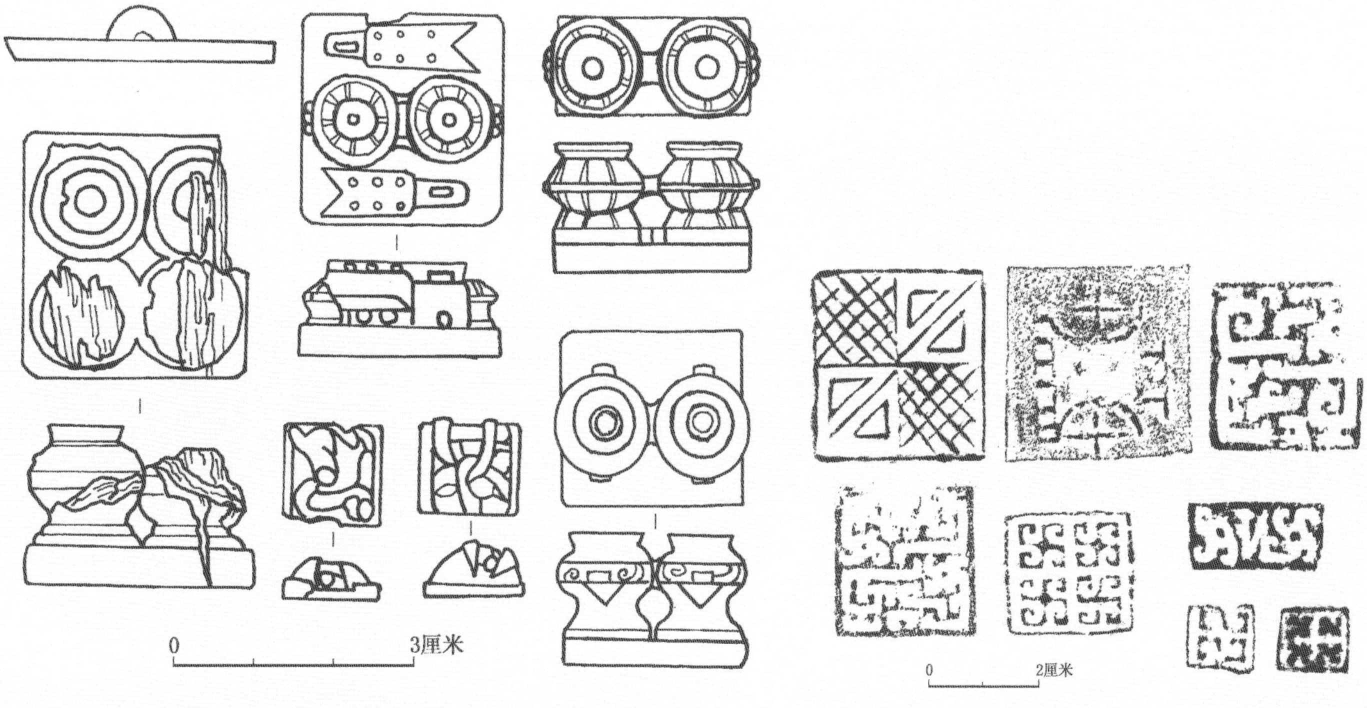

双元村船棺葬 M154 出土的印章线图及拓本

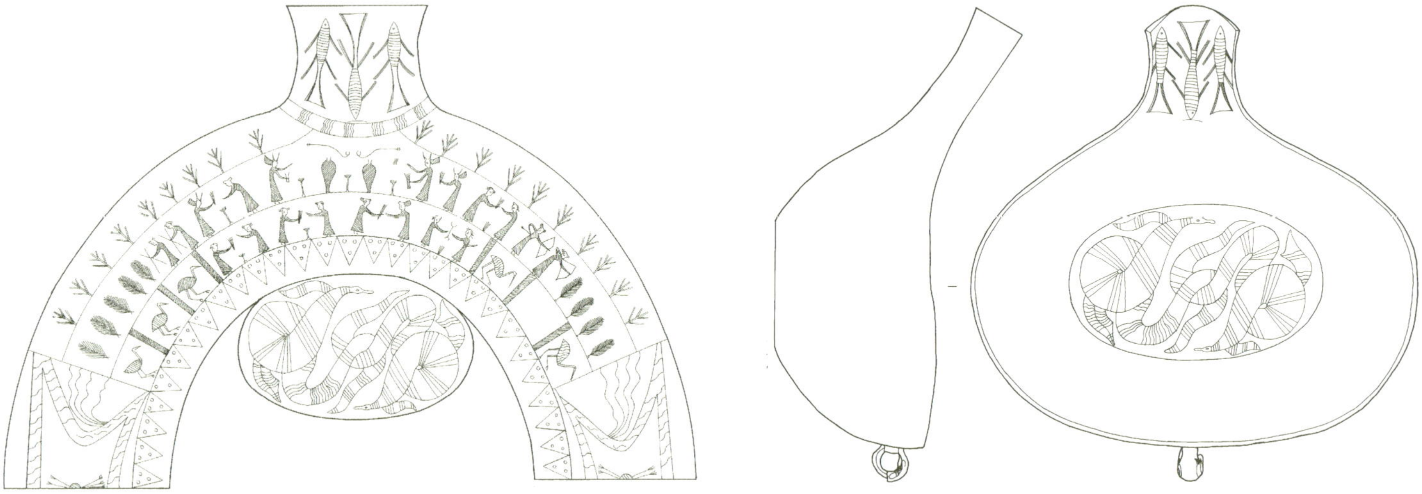

刻纹铜匜（yí）

:: 春秋晚期

:: 口长径22.3厘米 :: 带流宽21.2厘米 :: 腹深8厘米

:: 四川成都青白江区双元村出土

:: 成都文物考古研究院藏

蜻蜓眼

:: 战国

:: 直径1.2厘米 :: 高1厘米

:: 四川成都青白江区双元村出土

:: 成都文物考古研究院藏

铜鍪

:: 战国

:: 高12.5厘米 :: 口径10厘米 :: 最大径14.5厘米

:: 四川成都青白江区双元村出土

:: 成都文物考古研究院藏

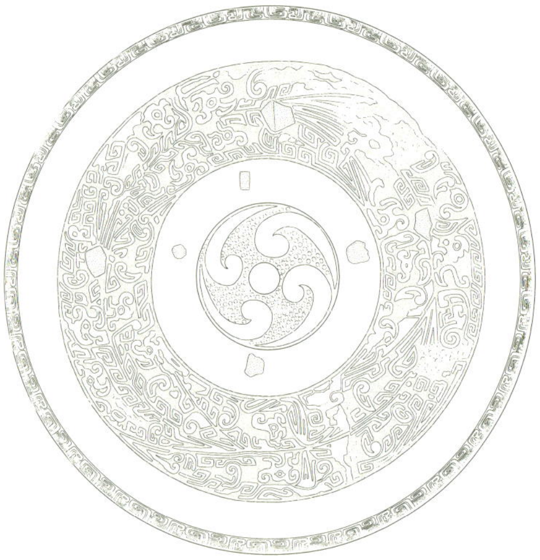

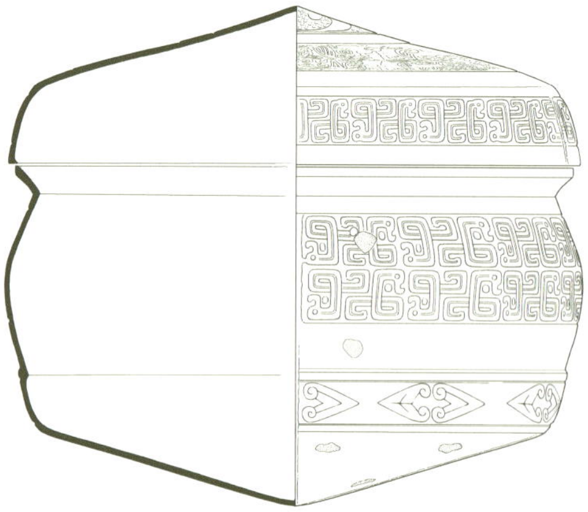

尖底铜盒

:: 战国
:: 口径11.6厘米 :: 高10.5厘米
:: 四川成都青白江区双元村船棺墓葬群出土
:: 成都文物考古研究院藏

铜戈

::战国

::总长21.4厘米::阑宽11.8厘米

::四川成都青白江区双元村出土

::成都文物考古研究院藏

铜戈

::战国

::总长23.9厘米::阑宽10.8厘米::厚0.3厘米

::四川成都青白江区双元村出土

::成都文物考古研究院藏

铜矛

::战国
::通长24厘米::銎径2.5厘米
::四川成都青白江区双元村船棺墓葬群出土
::成都文物考古研究院藏

铜钺

::战国

::通长12.8厘米::通宽7.2厘米::銎口长径3.9厘米

::短径3.1厘米::厚2厘米

::四川成都青白江区双元村船棺墓葬群出土

::成都文物考古研究院藏

铜斤

::战国

::长13厘米::宽3厘米

::四川成都青白江区双元村出土

::成都文物考古研究院藏

铜矛

:: 战国

:: 长13.3厘米 :: 宽3.5厘米

:: 四川成都青白江区五里村出土

:: 成都文物考古研究院藏

环首铜刀

:: 战国

:: 通长36.4厘米 :: 环首直径3.3厘米 :: 厚0.6厘米

:: 四川成都青白江区双元村出土

:: 成都文物考古研究院藏

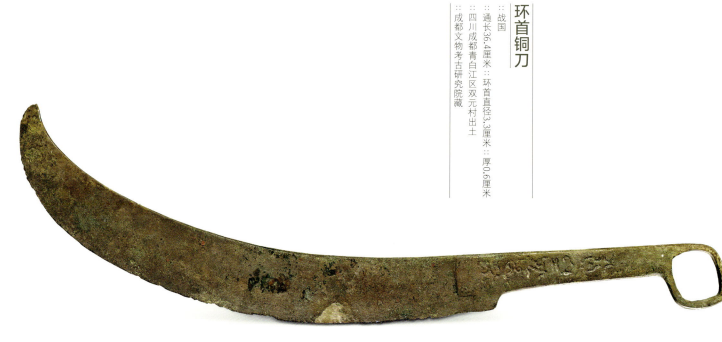

铜剑

::战国

::长30厘米::宽3.2厘米

::四川成都青白江区五里村出土

::成都文物考古研究院藏

铜钺

:: 战国
:: 长9.2厘米 :: 宽5厘米
:: 四川成都青白江区五里村出土
:: 成都文物考古研究院藏

铜钺

:: 战国
:: 长15.8厘米 :: 宽7.8厘米
:: 四川成都青白江区五里村出土
:: 成都文物考古研究院藏

铜印章

:: 战国

:: 直径3.2厘米 :: 高0.9厘米

:: 四川成都青白江区五里村出土

:: 成都文物考古研究院藏

成都平原其他地区出土的船棺葬

截至目前，船棺葬作为起源于古蜀人的埋葬习俗，几乎遍布成都平原的腹地。除了成都市中心的商业街、双元村和金沙遗址，其外围的什邡城关、昭化宝轮院、荥经同心村、蒲江东北等几处发现的船棺葬，都是其典型代表。船棺葬出现的时间从西周晚期一直持续到西汉初期，它是晚期蜀文化的重要遗存，也是蜀文化的典型特征。在船棺葬历经起源、发展、鼎盛、衰亡几个阶段的变化，秦并巴蜀之后，成都平原接受了更多外来文化的影响，最终融入了中华文明的整体发展系统之中。

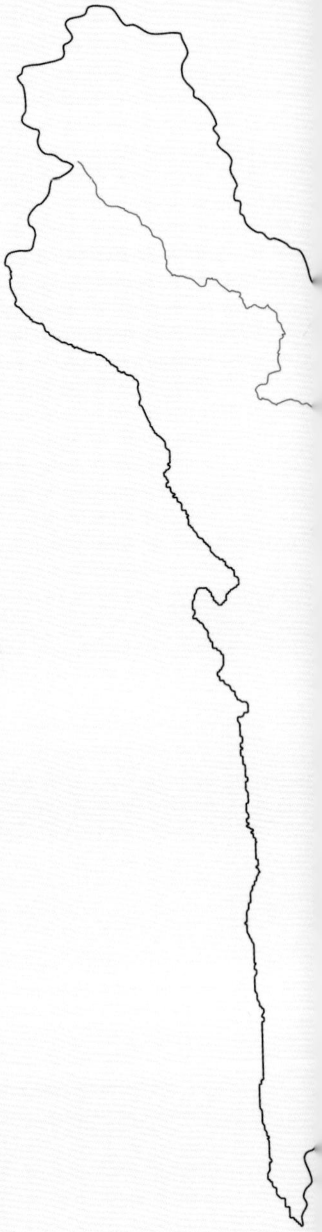

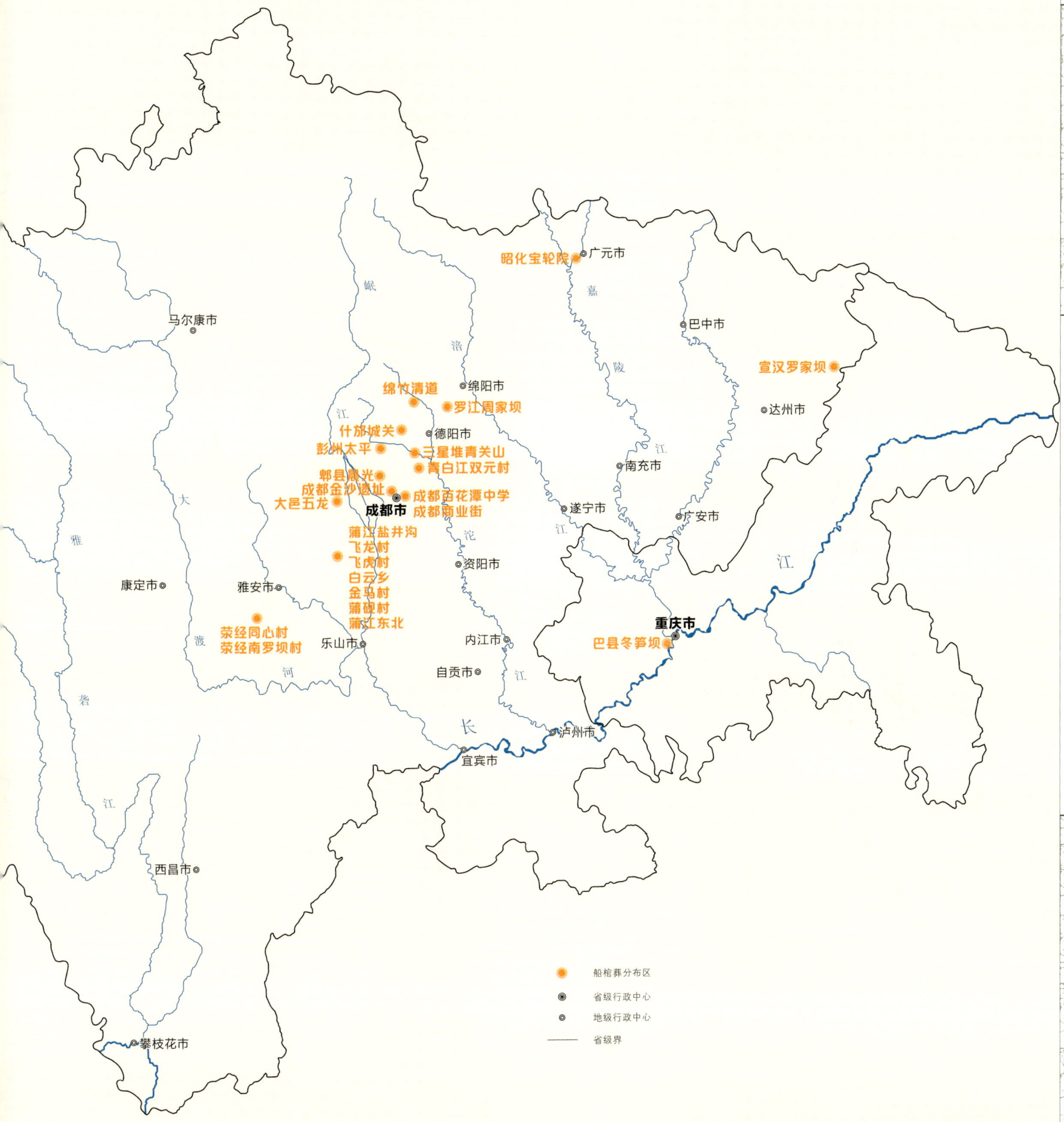
昭化宝轮院
广元市
岷
嘉
马尔康市
巴中市
涪
陵
宣汉罗家坝
绵竹清道
绵阳市
罗江周家坝
达州市
江
什邡城关
德阳市
彭州太平
三星堆青关山
青白江双元村
江
南充市
郫县晨光
成都金沙遗址
成都百花潭中学
大邑五龙
成都市
成都商业街
遂宁市
广安市
大
雅
蒲江盐井沟
飞龙村
飞虎村
白云乡
金马村
蒲砚村
蒲江东北
沱
江
资阳市
江
康定市
雅安市
荥经同心村
荥经南罗坝村
渡
乐山市
河
内江市
重庆市
巴县冬笋坝
自贡市
江
砻
长
泸州市
宜宾市
江
西昌市
攀枝花市
船棺葬分布区
省级行政中心
地级行政中心
省级界

巴蜀地区船棺葬的分布

什邡城关战国秦汉墓群

什邡位于成都平原与青藏高原东缘山区的连接地带。1988年8月至2002年年底，为配合城市建设，考古工作者在这里先后抢救性清理了98座中小型竖穴土坑墓，包括船棺葬、木椁墓、木板墓和土坑墓四种类型。这批墓葬延续时间长、序列完整、形制复杂、随葬器物丰富。这些墓葬虽属本地的蜀文化系统，但文化因素多样，墓主既有什邡当地的居民即蜀人，也有来自其他地区但接受了蜀文化的移民，说明什邡自战国早期至西汉中晚期，一直与楚、秦、滇以及带有石棺葬文化因素的族群等多种外来文化保持着密切的联系。什邡城关战国秦汉墓群为四川地区战国秦汉时期的巴蜀文化研究，提供了丰富的实物资料。

铜矛

:: 战国早期
:: 通长17厘米 :: 骹长7.6厘米 :: 叶宽2.9厘米
:: 四川什邡城西出土
:: 什邡市博物馆藏

铜剑

::战国早期

::通长31.2厘米::身宽3厘米

::四川什邡城西出土

::什邡市博物馆藏

铜戈

::战国早期
::通长17.2厘米::援长12厘米::内长5.2厘米
::四川什邡城西出土
::什邡市博物馆藏

铜钺

::战国早期
::通长10.5厘米::肩宽5厘米
::四川什邡城西出土
::什邡市博物馆藏

铜敦

∷战国中期

∷口径16.7厘米∷通高20.8厘米

∷四川什邡城西出土

∷什邡市博物馆藏

陶釜

:: 战国早期
:: 口径15.2厘米 :: 腹径17.6厘米 :: 高8.4厘米
:: 四川什邡城西出土
:: 什邡市博物馆藏

陶盏

:: 战国早期
:: 口径11厘米 :: 高4.2厘米
:: 四川什邡城西出土
:: 什邡市博物馆藏

『十方王』铜印章

:: 战国中期
:: 边长3.6厘米 :: 印台厚0.45厘米 :: 残高0.65厘米
:: 四川什邡城西出土
:: 什邡市博物馆藏

◎ 方形印面，印面图案分上下两组。上组图案为雷纹及曲尺纹；下组图案左侧为罍，右侧为铎。印背以钮为中心将图案分成四组，每组有一单个阳文符号。以顺时针方向，读为『十』『方』『口』『王』。

铜刻刀

:: 战国早期
:: 通长14.7厘米 :: 身宽2.2厘米
:: 四川什邡城西出土
:: 什邡市博物馆藏

竹节纹铜矛

∷战国中期
∷通长21厘米∷骹长9.6厘米
∷叶宽2.6厘米∷骹径2.4厘米
∷四川什邡城西出土
∷什邡市博物馆藏

◎两面矛脊之中部均呈竹节状凸起，竹节饰共十八节。骹口处铸饰一周雷纹。雷纹与竹节饰之间两面均铸饰高浮雕状卧虎像。骹上部右侧一面刻有似竹节符号。

铜戈

::战国中期

::通长18厘米::援长12厘米::内长6厘米

::四川什邡城西出土

::什邡市博物馆藏

铜鍪

:: 战国中期
:: 口径11.6厘米 :: 腹径18.8厘米 :: 残高9.6厘米
:: 四川什邡城西出土
:: 什邡市博物馆藏

铜釜

::战国中期
::口径20厘米::腹径25.1厘米::高14.2厘米
::四川什邡城西出土
::什邡市博物馆藏

平底陶罐

:: 战国中期

:: 口径15厘米 :: 底径12厘米 :: 高18.8厘米

:: 四川什邡城西出土

:: 什邡市博物馆藏

陶钵

:: 战国中期
:: 口径17.6厘米 :: 底径9.6厘米 :: 高12厘米
:: 四川什邡城西出土
:: 什邡市博物馆藏

陶豆

:: 战国中期
:: 口径12.4厘米 :: 高7.3厘米
:: 四川什邡城西出土
:: 什邡市博物馆藏

铜印章

:: 战国中期
:: 直径2.5厘米 :: 高0.7厘米
:: 四川什邡城西出土
:: 什邡市博物馆藏

铜龙形饰

:: 战国中期
:: 长8.4厘米 :: 高4.4厘米
:: 四川什邡城西出土
:: 什邡市博物馆藏

铜斤

:: 战国中期
:: 通长16.6厘米 :: 刃宽6.9厘米
:: 四川什邡城西出土
:: 什邡市博物馆藏

铜凿

:: 战国中期
:: 通长21.2厘米 :: 刃宽1.9厘米
:: 四川什邡城西出土
:: 什邡市博物馆藏

铜雕刀

:: 战国中期
:: 长10.1厘米 :: 刃宽0.55厘米
:: 四川什邡城西出土
:: 什邡市博物馆藏

铜矛

::战国晚期

::通长29.2厘米::骹长7.3厘米

::叶宽5.7厘米::骹径2.7厘米

::四川什邡城西出土

::什邡市博物馆藏

铜剑

::战国晚期
::通长38.6厘米::身宽2.8厘米
::四川什邡城西出土
::什邡市博物馆藏

铜戈

:: 战国晚期
:: 通长20厘米 :: 援长13.8厘米 :: 内长6.2厘米
:: 四川什邡城西出土
:: 什邡市博物馆藏

铜削

:: 战国晚期
:: 长23.2厘米 :: 身宽1.1厘米
:: 四川什邡城西出土
:: 什邡市博物馆藏

陶器盖

:: 战国晚期
:: 口径26厘米 :: 高9厘米
:: 四川什邡城西出土
:: 什邡市博物馆藏

铜剑

::战国末期
::通长43.5厘米::身宽4.2厘米::茎长8.2厘米
::四川什邡城西出土
::什邡市博物馆藏

铜钺

:: 战国末期

:: 通长15厘米 :: 刃宽7.7厘米 :: 肩宽5.8厘米

:: 四川什邡城西出土

:: 什邡市博物馆藏

陶瓶

::战国末期

::口径11厘米::底径16厘米::高34厘米

::四川什邡城西出土

::什邡市博物馆藏

张翼蝉形铜带钩

::战国末期
::通长14.5厘米::腹宽4.5厘米
::四川什邡城西出土
::什邡市博物馆藏

闭翼蝉形铜带钩

:: 战国末期

:: 通长14.2厘米 :: 腹宽5.2厘米

:: 四川什邡城西出土

:: 什邡博物馆藏

◎ 该器物腹体（蝉背）饰有精美的卷云纹及窃曲纹，蝉双眼突出，面部遍饰细密的乳钉纹。

圜底陶罐

∷秦代
∷残高10.8厘米
∷四川什邡城西出土
∷什邡市博物馆藏

『亭』字戳记陶豆

::西汉早期

::口径13.2厘米::高4.6厘米

::四川什邡城西出土

::什邡市博物馆藏

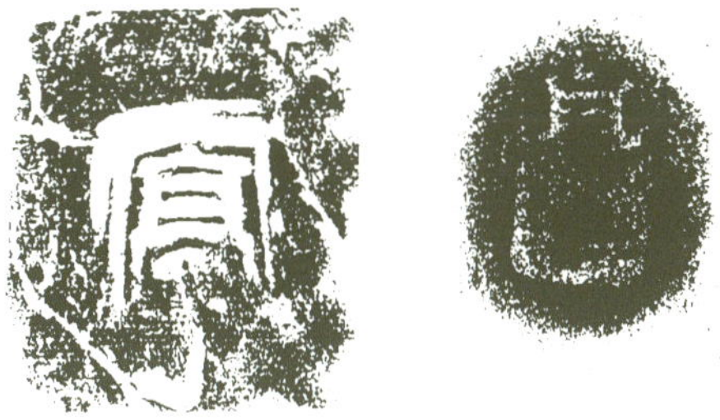

陶箅（bì）

:: 西汉早期
:: 箅径12.8厘米 :: 高1.8厘米
:: 四川什邡城西出土
:: 什邡市博物馆藏

黑陶纺轮

:: 战国
:: 直径4厘米 :: 孔径0.7厘米 :: 高1.6厘米
:: 四川蒲江飞龙村船棺出土
:: 蒲江县博物馆藏

圜底细绳纹陶釜

:: 战国

:: 口径16厘米 :: 最大腹径34厘米 :: 高29.5厘米

:: 四川蒲江飞龙村船棺出土

:: 蒲江县博物馆藏

高领圜底陶罐

:: 秦代
:: 口径15.5厘米 :: 底径24厘米 :: 高23厘米
:: 四川蒲江飞龙村船棺出土
:: 蒲江县博物馆藏

大口平底陶罐

∷秦代
∷口径20.8厘米∷底径9厘米∷高27.7厘米
∷四川蒲江飞龙村船棺出土
∷蒲江县博物馆藏

巴蜀符号:
蜀人有文字吗

Symbols of Ba and Shu:
Did the Shu People Have the Characters of Their Own

在四川、重庆地区出土的战国秦汉时期的器物上，经常出现各式各样的图形和符号，尤以巴蜀青铜兵器、印章之上最为常见，与中原地区所见的纹饰有所差别，极具地域特色。这些或抽象或写实的纹样，或单独或组合地装饰于一件器物之上，既有区别又有密切联系。因为不能确认其到底是不是文字，所以有学者将之称为“巴蜀符号”。巴蜀符号是这一时期巴蜀文化的重要特征，是巴蜀文化的重要组成部分。目前学界对其认识尚有争议，但无论如何，它都是解开巴蜀文化密码的一把钥匙。

铜印章

∷战国

∷长1.6厘米∷宽0.9厘米

∷四川蒲江飞虎村出土

∷成都文物考古研究院藏

铜印章

∷战国

∷直径2.7厘米

∷四川蒲江飞虎村出土

∷成都文物考古研究院藏

『王』字纹铜印章

∷战国

∷印面直径3.7厘米∷高0.5厘米

∷四川犍为五联公社出土

∷四川博物院藏

塔形钮铜印章

:: 战国
:: 直径2.4厘米 :: 高1厘米
:: 旧藏
:: 四川博物院藏

鹿纹『王』字纹铜印章

:: 战国
:: 直径2.6厘米 :: 高0.8厘米
:: 旧藏
:: 四川博物院藏

蚕纹花铜印章

:: 战国
:: 直径3.5厘米 :: 高0.8厘米
:: 旧藏
:: 四川博物院藏

『王』字纹铜印章

:: 战国
:: 直径3.3厘米 :: 高0.3厘米
:: 四川芦山清仁乡仁家坝黄木山出土
:: 四川博物院藏

当古蜀文明的光芒穿透层层迷雾，照向成都平原腹地的时候，古蜀文明的血脉依然在此流淌。即便鳖灵入川带来了绚丽的楚文化，但蜀文化依然保有个性地与周边多种文化进行着广泛交流，并在交流中趋向交融，为最终融入中华文明的历史长河做着准备……

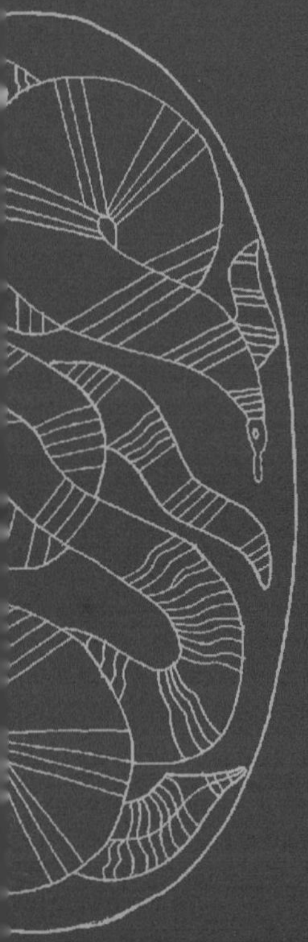

Where Did You Go

—Integration of the Shu Culture into the Long History of Chinese Civilization

The significant historical event of "the Qin state annexing the regions of Ba and Shu" in 316 BC put an end to the history of the ancient Shu Kingdom that had taken the southwest China as its territory. For its epic cause of unifying the other six states that were existing in the Chinese territory, the Qin state made great efforts in the following century to turn the regions of Ba and Shu into a rear area of strategic importance, with the system of prefectures and counties established, water conservancy projects built, and agriculture developed with precedence. Under the administration of the Qin state, the Chengdu Plain gradually became a land of abundance where "water and drought follow the wish of the people, who do not know what hunger is". At the same time, the Qin state launched multiple migrations whereby immigrants were made to participate in the development of the territory of Shu. The new production methods and culture brought by the immigrants further accelerated the process of integrating the Shu Culture into the Chinese civilization. From then on, the Sichuan Basin became a strategic location for subsequent dynasties of centralized government to administrate the southwest region of China. Under the unified policy of the Qin Dynasty which was established in 221 BC, the direction in which the Shu Culture would go was clearly visible.

你去了哪里

——蜀文化汇入中华文明的历史长河

∷公元前316年，『秦并巴蜀』这一重大历史事件，结束了古蜀国雄踞西南的历史。此后百年，秦将巴蜀地区作为统一六国的战略大后方而努力经营，设置郡守，兴修水利，重视农桑。在秦的经略下，成都平原逐渐成为『水旱从人，不知饥馑』的天府之国。同时，秦国多次移民至此参与蜀地的开发，移民带来了新的生产方式和文化，更加速了蜀文化融入中华文明的进程，四川盆地从此成为后世历代中央王朝经营西南的战略要地。公元前221年，秦朝建立。大一统政策下，蜀文化的去向清晰可见。

- **前316年** 秦并巴蜀
- **前221年** 秦统一
- **前202年** 西汉建立
- **前141年** 汉武帝登基

秦之移民墓：
秦人入川做了什么

Qin's Immigrant Tombs:
What did the Qin People do When They Entered Sichuan

秦并巴蜀后推行的一系列统治措施，大大加速了蜀地的发展。政治上，秦国有步骤地推行县制，但也保留了部分地区的土著封君；在周边设“道”（相当于县的行政区划），为秦国各项政策的有效推行创造条件；修建城池，与咸阳同制。经济上，推行秦的土地制度，且兴修水利，重视农桑，发展工商业，使成都发展成为秦国在蜀地的经济中心。秦为实现对巴蜀地区真正意义上的统治，“移万家实之”，稳定了当时蜀国的局势，使秦的大后方得以安定富庶。

秦文化的发展

◎随着秦国政治势力的萌芽、发展、壮大，秦文化也经历了形成、确立、发展和转型等阶段。西周早期，秦文化与周文化的面貌极为相似。到了晚期，秦墓中出现了有别于周文化的元素，秦文化开始起源并发展。春秋早中期，随着“襄公立国”和穆公“开地千里，遂霸西戎”，秦不断开疆拓土，政治地位提高，秦文化也正式确立，并形成自身特点。春秋晚期至战国中期，秦巩固疆域，实行变法，成为战国诸雄中的强者，秦文化也沿着固有轨迹稳定发展，并将自身特点发展到极致。战国晚期至秦统一，随着司马错灭蜀，秦将西南地区作为自己的大后方，开始了兼并六国的统一战争，秦文化也随之大规模地扩散到其政治势力所及地区。同时，秦文化还大规模吸收所到之处的文化，兼收并蓄，完成了自身文化的丰富，开始同其他区域文化一起，形成多元但统一的中华文化。从东周时期秦墓出土陶器器形的变化，即可见秦文化的发展脉络。

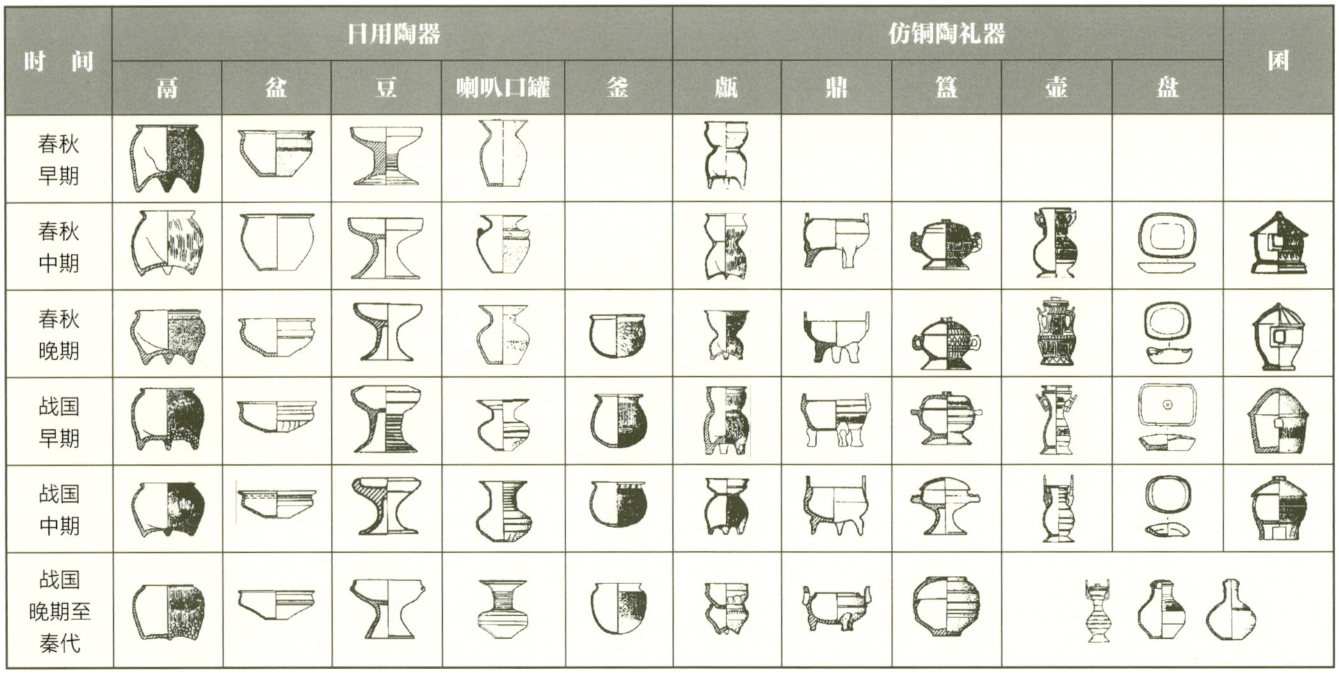

东周秦墓出土的典型陶器器形变化对比图

秦蜀古道

秦蜀古道是先秦时期修筑的一条穿越秦巴山地的国家级大道，是关中平原通往四川盆地的由7条主要道路组成的交通系统，历史上先后被称为周道、秦道、蜀道。其包括由陕西关中通往汉中的陈仓道（故道）、褒斜道、傥骆道、子午道，以及由汉中通往四川盆地的金牛道、米仓道和荔枝道，其中金牛道始终是蜀道的主要干线。公元前316年，秦军经金牛道南下，将巴蜀并入秦的版图。秦蜀古道是黄河文明与长江文明交融的通道，自殷商时期开通，到战国时期已有了明确记载。

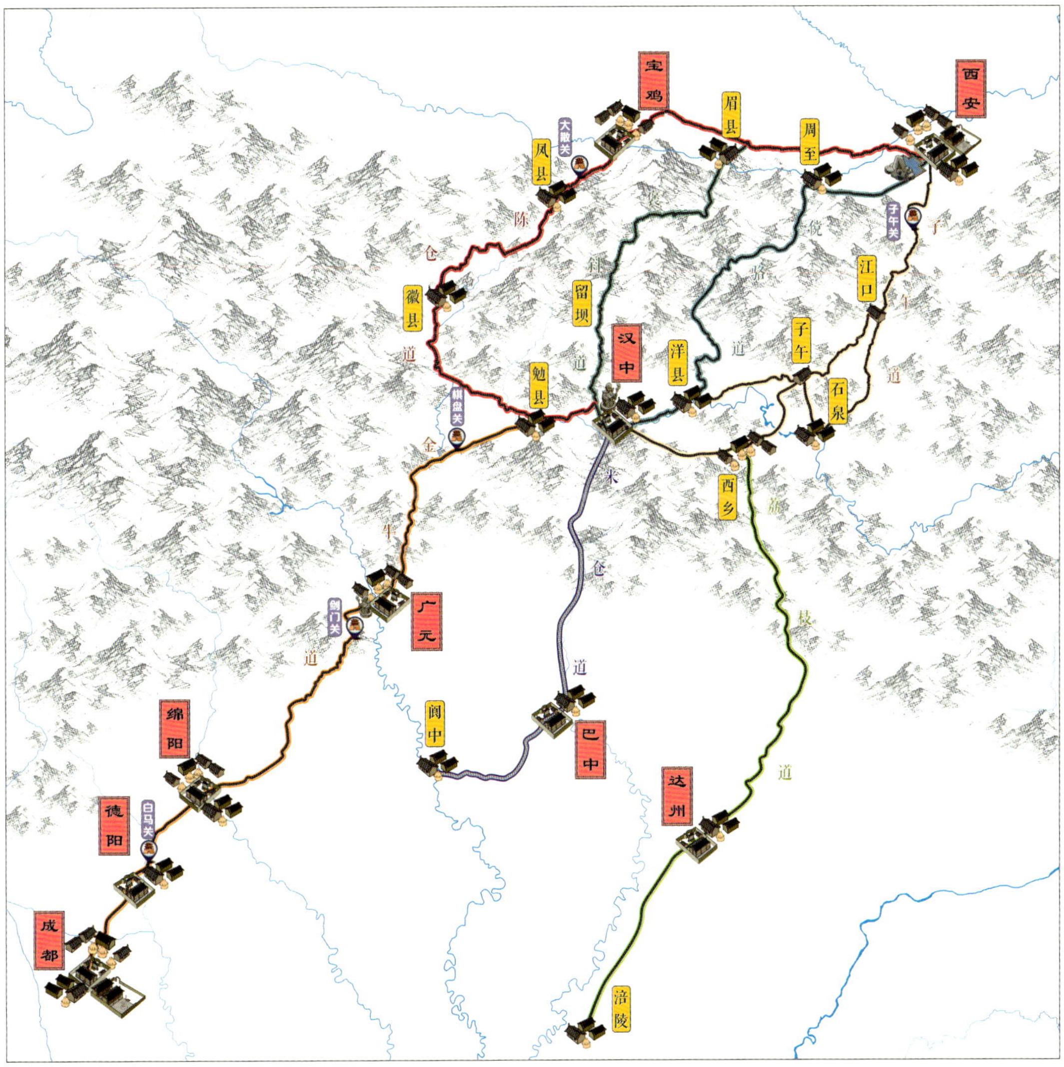

秦蜀古道路线图

蜀的北方通道主要有褒斜道和陈仓道（故道），统称蜀道。褒斜道也称斜谷道，在商代已经开通，是从蜀通往长安的古道。陈仓道在商周之际也已开通，是北出蜀地、联系关中的另一条重要道路。

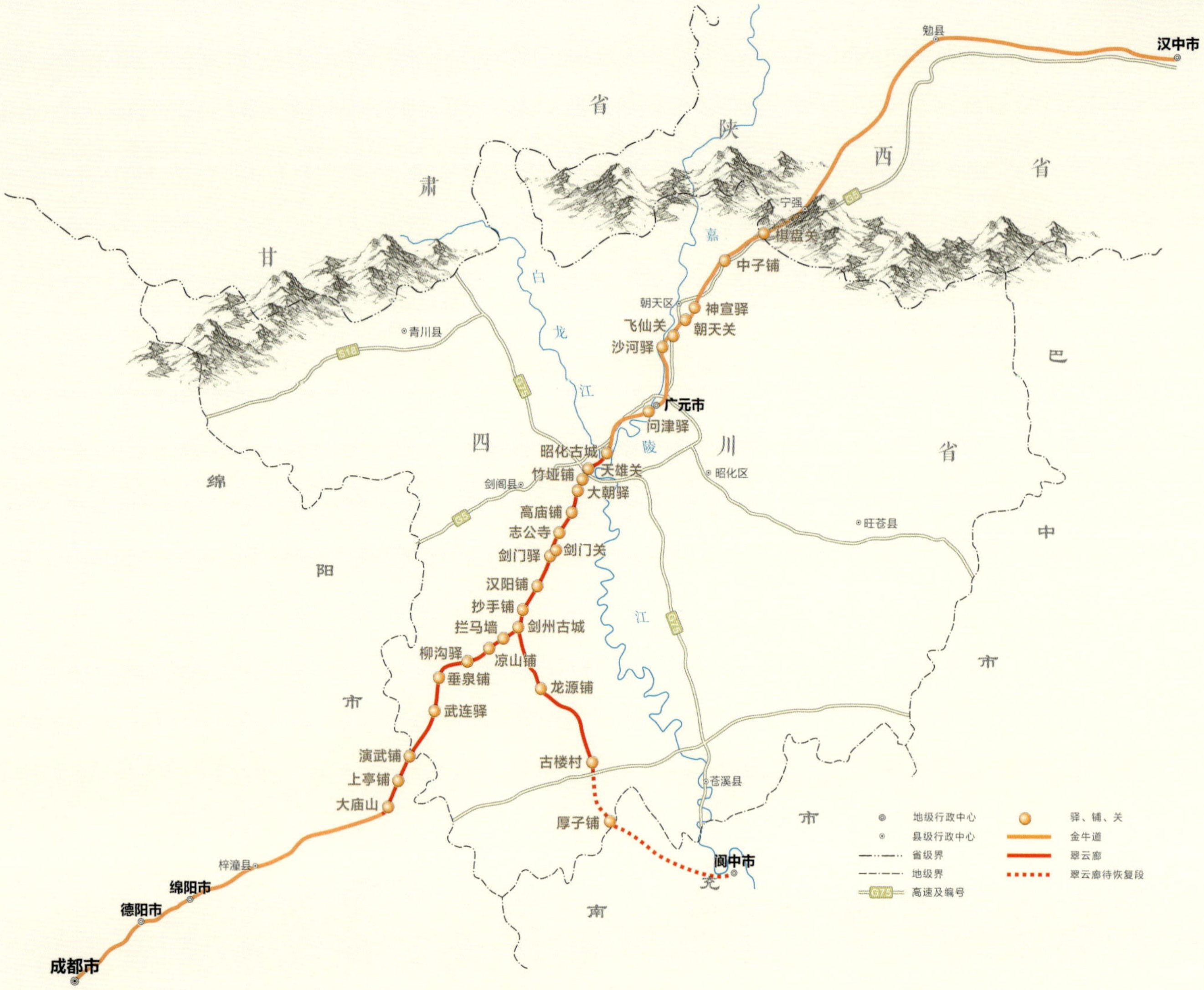

金牛道示意图

金牛道又称石牛道，得名源自“石牛粪金，五丁开道”的故事。石牛粪金的故事，发生在周显王扁和周慎靓王定时期。秦惠文王更元九年（前316），秦惠文王将金牛赠送给蜀王，西蜀五丁引金牛成道，故名金牛道。金牛道由汉中经勉县入四川，最后到达成都，全程共600余千米。李白的“蜀道难，难于上青天”，说的就是金牛道。金牛道的畅通给四川地区人民的生产生活带来了深远的影响。崎岖漫长的金牛古道，一直演绎着文明碰撞与融汇的时代交响曲。

金牛道（绵阳段）现状

在高山峡谷和大河绝壁处，蜀人发明了栈道。栈道按材质分为石栈和木栈两种。石栈依大山直接开凿；木栈是斩木铺路，或杂以土石。现在的栈道已成为令人叹为观止的景观，行走其间依然可以感受到古人的智慧和勇敢。

秦之移民

移民，是秦国开发、经营巴蜀地区的重大措施之一。秦初占巴蜀，以“戎伯尚强，乃移秦民万家实之”的政策，迁移了大量本国人民至蜀地。这些移民除一些普通百姓外，还有一部分是秦攻破六国城池之后，以流放形式迁徙而来的六国豪门贵族。他们“家有盐铜之利，户专山川之材，居给人足，以富相尚”，客观上极大地促进了巴蜀地区经济的发展，也使当地“民始能秦言”。

四川地区发现的移民墓，包含了巴蜀文化、楚文化和中原文化等因素，说明此时的蜀地已广受外来文化因素的影响。秦移民的大量涌入，带去了秦国既有的社会、经济、文化关系，推动了秦政令在巴蜀地区的实施，也将富有包容精神的秦文化带到了这里。

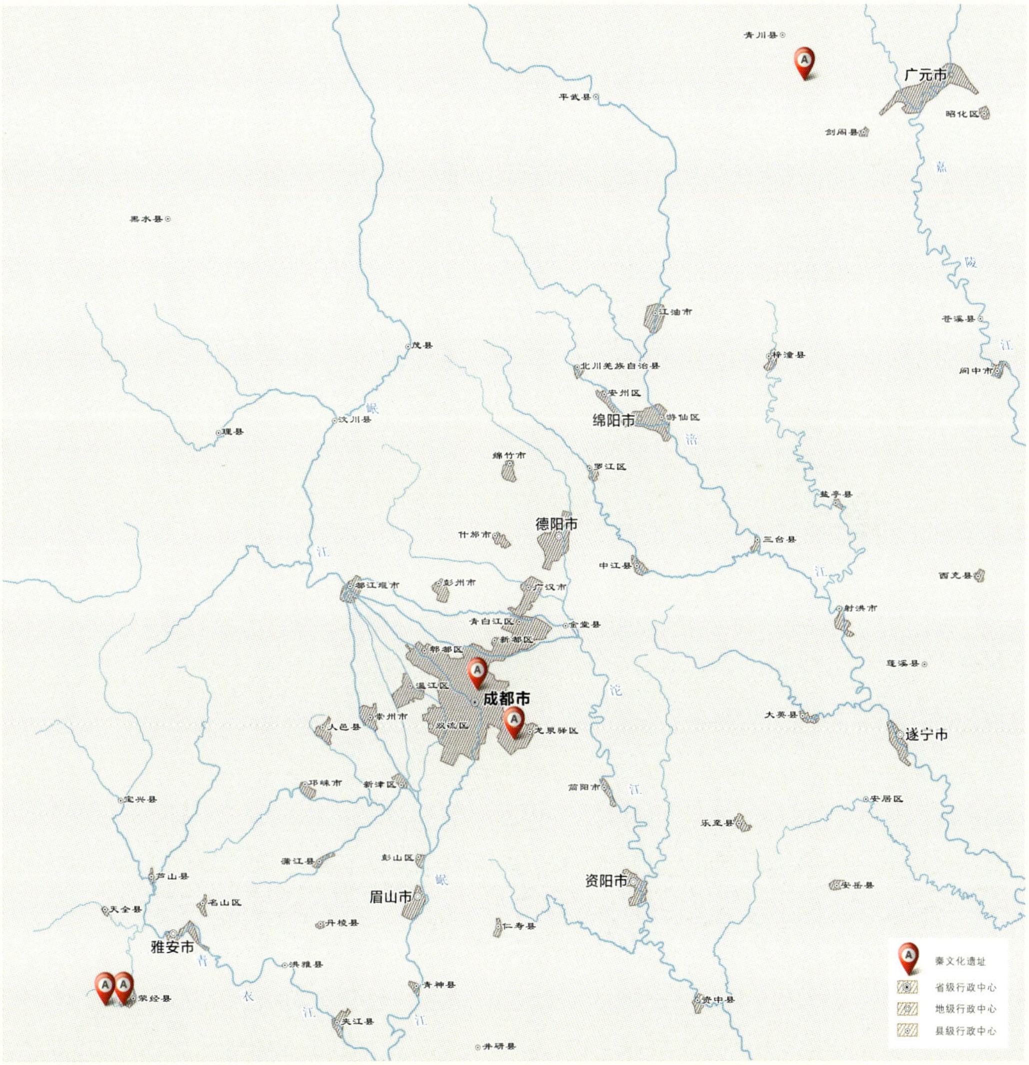

广元、成都、雅安地区秦文化遗址分布图

近几十年来，巴蜀地区的考古工作成绩显著，发现并发掘大批秦代移民墓。从蜀地秦人移民墓的分布来看，秦国在川陕通道、南方丝路重镇以及蜀国故都三处均有移民驻留，这些地方或在川西地区的交通要冲沿线上，或在城邑里。这一措施，既削弱了东方六国豪强的势力，也震慑着整个巴蜀地区，同时还保障了蜀地物产可以顺利运抵关中。

青川郝家坪秦移民墓

青川县位于川北白龙江下游，处川、甘、陕三省交界处。1979年至1980年，考古工作者在青川县郝家坪共发掘72座墓葬。这些墓葬都是长方形竖穴土坑墓，葬具可分为一棺一椁、有棺无椁、有椁无棺三类。棺椁外填白膏泥。随葬陶器120件，组合有“鼎、豆、壶”和“鼎、盒、壶”等；铜器有鼎、镜、带钩、鍪等；漆器有扁壶、圆盒、奁、耳杯、双耳长盒、鸱鸮壶、圆壶、匕、碗、卮等，以双耳长盒、扁壶最具特色，有些漆器上有“成亭”“王”“东”等文字。青川郝家坪墓地出土的陶器类型，虽流行于秦、楚两国各地，但却只见秦墓中常见的鼎、壶组合，而未见楚墓中常见的组合形式。并且，其中的陶双耳釜、双耳罐和蒜头壶是关中秦墓所特有的代表性器型。依此可以判定，青川郝家坪墓群为秦人墓葬，且可分为战国中期和战国晚期两段。

木梳
∷战国
∷纵7.5厘米∷横4.4厘米∷厚0.5厘米
∷四川青川郝家坪出土
∷青川县文物管理所（县博物馆）藏

木胎漆耳杯

:: 战国
:: 纵30厘米 :: 横8.1厘米 :: 高5.5厘米
:: 四川青川郝家坪出土
:: 青川县文物管理所（县博物馆）藏

花叶纹桥形铜饰件

:: 战国
:: 长10厘米
:: 四川青川郝家坪出土
:: 四川省文物考古研究院藏

绳纹圜底陶釜

∷战国
∷长13.9厘米∷宽13.9厘米∷高18厘米
∷四川青川郝家坪出土
∷四川省文物考古研究院藏

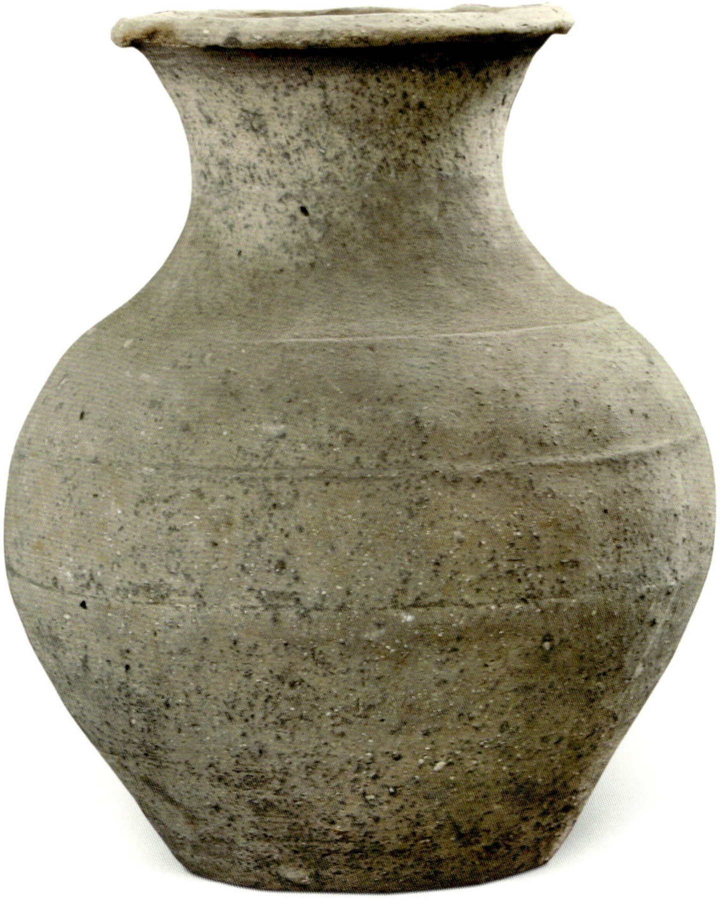

弦纹陶壶

∷战国
∷长20厘米∷宽20厘米∷高23.3厘米
∷四川青川郝家坪出土
∷四川省文物考古研究院藏

蒜头陶瓶

:: 战国
:: 长25厘米 :: 宽20厘米 :: 高9.5厘米
:: 四川青川郝家坪出土
:: 四川省文物考古研究院藏

束颈鼓腹平底陶罐

:: 战国
:: 长22.4厘米 :: 宽15.2厘米 :: 高13.6厘米
:: 四川青川郝家坪出土
:: 四川省文物考古研究院藏

铜矛

∷秦代
∷口径2厘米∷长6.3厘米∷宽3.5厘米
∷四川青川沙洲镇（原沙洲区）出土
∷青川县文物管理所（县博物馆）藏

大半两（一组三件）

∷秦代
∷直径3.1～3.7厘米
∷四川成都营门口出土
∷成都博物馆藏

正反两面

『六』字陶罐

∷秦代
∷高22.7厘米∷口沿径10.5厘米∷底径10.6厘米
∷陕西临潼上焦村出土
∷秦始皇帝陵博物院藏

大口陶罐

:: 秦代

:: 高23.2厘米 :: 口径19.8厘米 :: 底径15厘米

:: 陕西临潼晏寨公社始皇陵10号坑出土

:: 秦始皇帝陵博物院藏

严道古城遗址

严道古城遗址（今四川荥经六合乡古城村）约自春秋中晚期开始，随着道路发展、商贸增加，人员往来频繁，由原来的邮亭或驿站逐步发展演变为具有一定规模的城池。20 世纪 70 年代以来，考古工作者以严道古城遗址为中心发掘清理了多批战国秦汉之际的墓葬，其中具有代表性的墓葬群有荥经古城坪秦汉墓、曾家沟战国墓群、烈太战国土坑墓、南罗坝村战国墓、荥经城关镇同心村战国晚期墓等。这些发现说明这里是一处包含有古城址、古墓葬的大型聚落遗存。战国秦汉时期，这里不仅是巴蜀西南边地的一处政治、经济与军事中心，也是多元文化交融的中枢。

严道古城作为战国晚期至西汉时期中原文化区域与西南夷地区的地理分界线，处于汉文化向西南地区推进的前沿。秦并巴蜀后，作为秦国在西南的大后方，严道古城成为秦汉将西南地区纳入中原文化体系的边城，巴蜀文化、中原文化和楚文化在此交汇，最终融入大一统的中华文明。

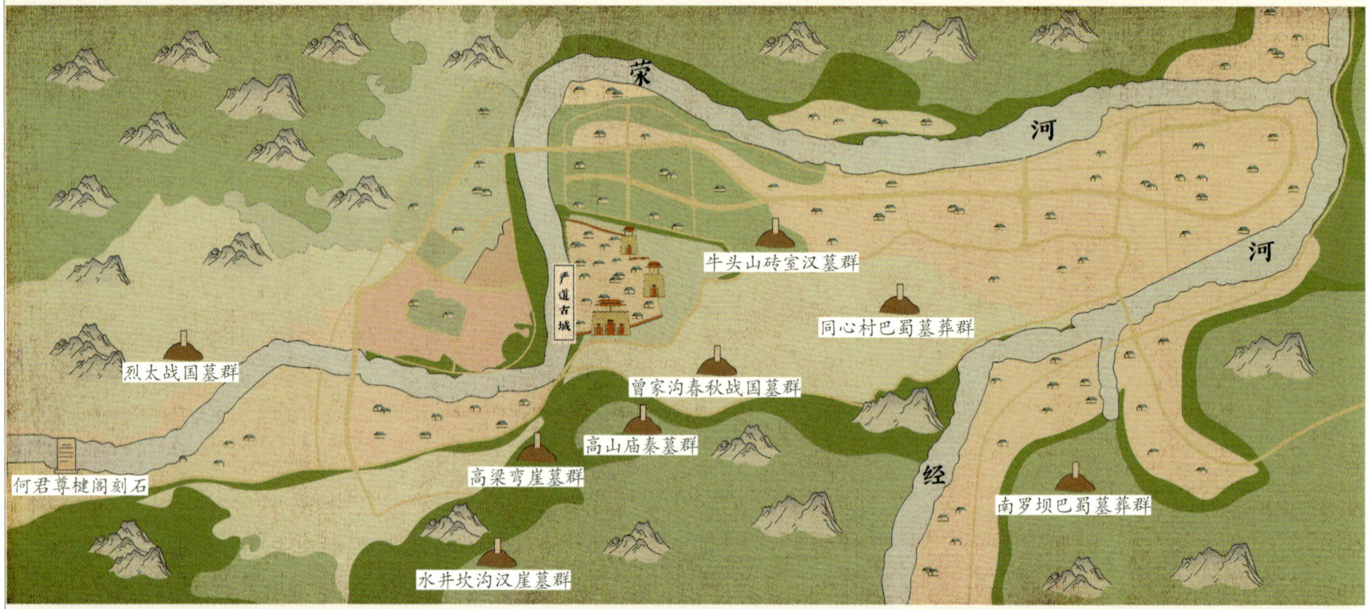

严道古城位置示意图

严君

◎严君，嬴姓，名疾，号樗里子，秦孝公庶子，秦惠文王异母兄弟。公元前 312 年，樗里子因战功彪炳受封于蜀郡严道（今四川荥经）治边，号严君，人称严君疾。当时严道初设，樗里子受封于此，充分说明了严道重要的政治、军事、经济地位。由于樗里子的治理，严道战事皆休，边关稳定，荥经成为蜀西南繁荣的贸易集散地，源源不断的牦牛、笮马、铜矿及盐等物资在此交流。

曾家沟战国墓群

曾家沟墓地位于严道古城遗址东南的荥河南岸。这里先后发掘了11座战国时期的墓葬。其中已发表的7座墓葬均为长方形竖穴土坑墓，葬具有一棺一椁、仅有椁和仅有棺三类，葬具外填充白膏泥。随葬品主要有扁壶、双耳长盒、圆盒、奁、耳杯等漆器，以及陶罐、陶釜等陶器。漆器的组合与带有明显秦墓特征的陶器组合，说明曾家沟战国墓群与关中秦文化保有密切关系。

圜底青铜甑

:: 战国

:: 口径26.5厘米 :: 残高22厘米

:: 四川荥经曾家沟出土

:: 荥经县博物馆藏

漆圆盒（复制品）

∷ 战国

∷ 最大径21.5厘米 ∷ 通高13.9厘米

∷ 四川荥经古城坪秦汉墓出土

∷ 荥经县博物馆藏

成都成华区东林四组发现的秦移民墓

该墓葬平面呈长方形，长 2.2 米，宽 0.82 米，高 0.6 米。木棺开启后，虽然墓主人身体上的麻丝织物已经腐烂，但仍清晰可见人骨残骸和随葬品。墓葬出土有铜带钩、玉璜、木梳、漆盒、素面铜镜等代表性器物。根据墓葬的形制特点，专家初步判断该墓葬年代为战国晚期至秦代，墓主人疑似女性。棺木内外填充膏泥和积水，对墓葬起到了较好的保护作用，使棺木历经 2000 多年而不朽。

弦纹铜镜
:: 战国晚期至秦代
:: 直径13.7厘米
:: 四川成都东林四组出土
:: 成都文物考古研究院藏

弦纹铜镜
:: 战国晚期至秦代
:: 直径7.2厘米
:: 四川成都东林四组出土
:: 成都文物考古研究院藏

半两钱（一组十件）

∷战国晚期至秦代
∷直径3厘米
∷四川成都东林四组出土
∷成都文物考古研究院藏

带钩

:: 战国晚期至秦代
:: 长11.7厘米
:: 四川成都东林四组出土
:: 成都文物考古研究院藏

陶纺轮

:: 战国晚期至秦代
:: 直径5.3厘米
:: 四川成都东林四组出土
:: 成都文物考古研究院藏

煤精饰（一组两件）

::战国晚期至秦代
::长8.8厘米
::四川成都东林四组出土
::成都文物考古研究院藏

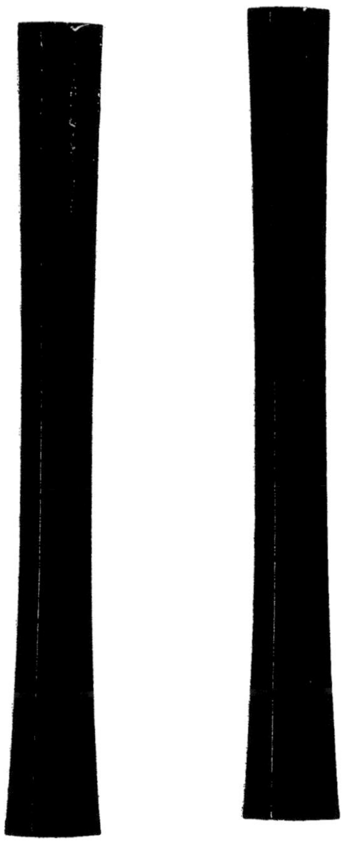

铜印章

::战国晚期至秦代
::长2.2厘米::宽1厘米::高1.3厘米
::四川成都东林四组出土
::成都文物考古研究院藏

铜印章

::战国晚期至秦代
::长1.8厘米::高1.5厘米
::四川成都东林四组出土
::成都文物考古研究院藏

铜印章

::战国晚期至秦代
::长1.6厘米::宽0.8厘米::高1.2厘米
::四川成都东林四组出土
::成都文物考古研究院藏

铜印章

::战国晚期至秦代
::直径1.2厘米::高1.6厘米
::四川成都东林四组出土
::成都文物考古研究院藏

陶缶

:: 战国晚期至秦代

:: 口径13.5厘米 :: 最大径24厘米 :: 底径11厘米 :: 高21厘米

:: 四川成都东林四组出土

:: 成都文物考古研究院藏

陶尊缶

::战国晚期至秦代
::盖：最大径13厘米::高7厘米
::壶：口径11.3厘米::最大径24.5厘米::底径12.5厘米::高29厘米
::四川成都东林四组出土
::成都文物考古研究院藏

陶盆

:: 战国晚期至秦代
:: 口径25.3厘米 :: 底径9.3厘米 :: 高10厘米
:: 四川成都东林四组出土
:: 成都文物考古研究院藏

陶壶

:: 战国晚期至秦代
:: 高约25厘米
:: 四川成都东林四组出土
:: 成都文物考古研究院藏

陶釜

:: 战国晚期至秦代
:: 口径23.6厘米 :: 腹径27.5厘米 :: 高26.5厘米
:: 四川成都东林四组出土
:: 成都文物考古研究院藏

玉环（一组三件）

:: 秦代至西汉初期
:: 直径3.6厘米
:: 四川成都东林四组出土
:: 成都文物考古研究院藏

圜底陶罐

:: 秦代至西汉初期
:: 口径18.9厘米 :: 腹径37厘米 :: 高31.8厘米
:: 四川成都东林四组出土
:: 成都文物考古研究院藏

陶鼎

:: 秦代至西汉初期
:: 口径23厘米 :: 腹径27厘米 :: 高27厘米
:: 四川成都东林四组出土
:: 成都文物考古研究院藏

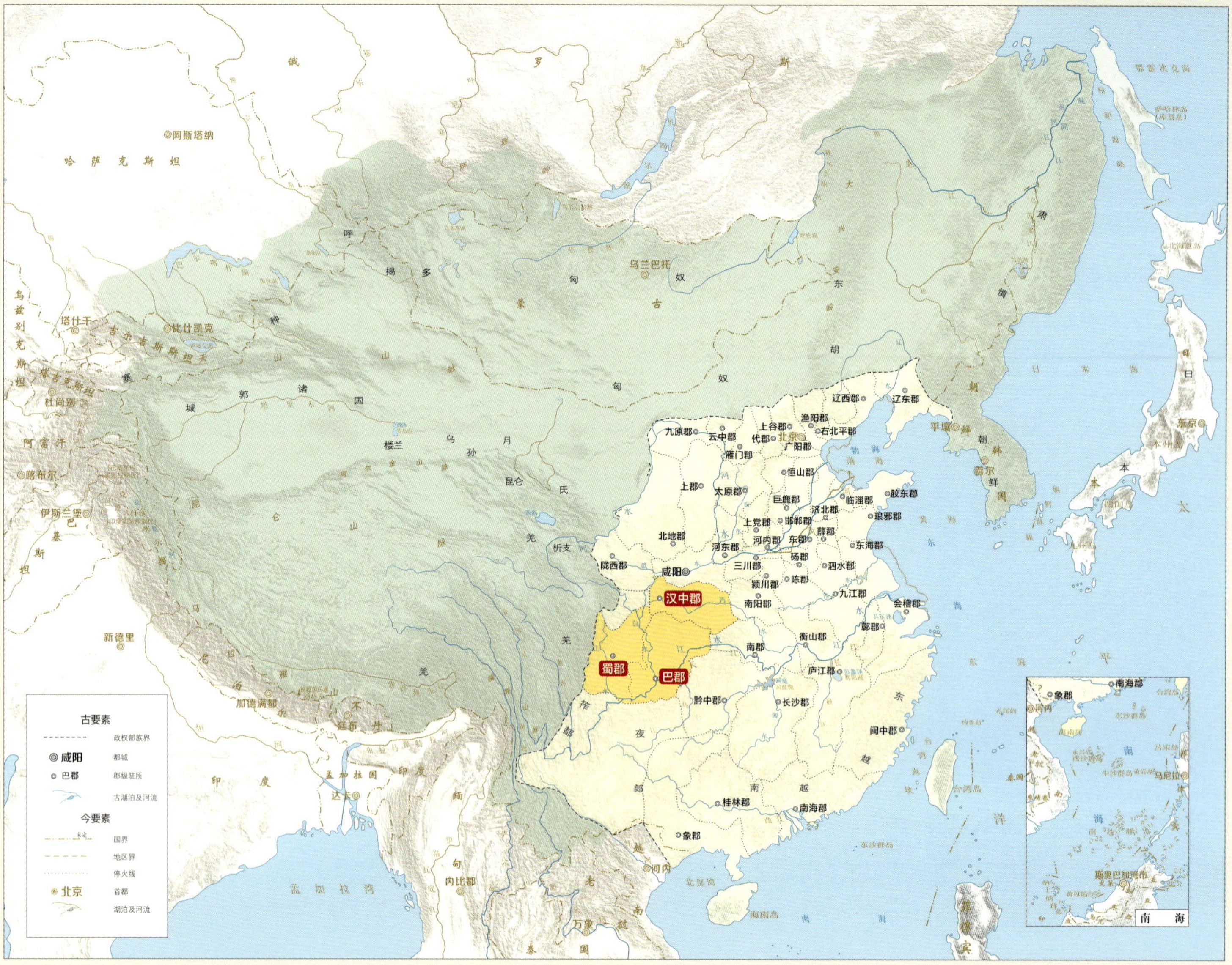

巴郡、蜀郡、汉中郡位置图

秦惠文王时期，秦取汉中，置汉中郡，由此楚的西北门户落入秦人之手，关中、汉中和巴蜀连成一片。这不仅清除了来自南方楚国的威胁，使秦的本土关中更为安全，对楚形成高屋建瓴之势，还使巴蜀丰富的物资畅通无阻地运向关中。这成为秦国迅速走向强大并为大一统做好准备的关键一步。

蜀巴郡

◎秦始皇统一六国时所设三十六郡，在学界历来存在争议。关于巴郡、蜀郡设置的时间，学界也争议不决。传世文献和秦兵器铭文中只见“蜀守”而不见“巴守”“蜀巴守”，岳麓秦简中则出现了“蜀巴”与其他郡名并列的情况。根据秦兵器铭文和岳麓秦简的记载，至迟在昭王时代，蜀地开始实施单一的郡县管理体制，设置蜀郡管理县、道。重庆涪陵小田溪墓葬也表明巴地仍保有巴族君长，应是入秦后仍接受中央属邦管理所致。直到统一前夕，巴地划入蜀郡，纳入郡县体制，郡名改为蜀巴郡。统一后，蜀郡、巴郡分置。巴蜀地区郡县化管理的过程，是秦边地郡县化推广的缩影，反映了秦征服边地的艰难过程及其对统治政策的成功探索。

改革促发展

秦并巴蜀后，将巴蜀纳入其管理体系之中，并对原巴蜀王国的诸多方面进行了大规模改革。秦在蜀地置郡守、建都城、修水利、重农桑，使成都平原逐渐成为天府之国，继而成为秦实现统一的大后方。

蜀人治蜀

秦并巴蜀之初，为了巩固政权，实行分封与郡县并行的统治方式，“贬蜀王更号为侯”，既置侯、相，又置郡守；同时，在周边各民族聚居地区首创“道”的设置，实行一定程度的地区自治。郡县或道的设置，标志着秦在西南地区统治地位的确立，为其后推行各项统治政策奠定了基础。这些因地制宜的机构建制，符合当地的实际情况，有利于秦国最大程度地团结与管理周边地区。

但置郡守

经过长期经营和数次改革，公元前285年，秦国最终在蜀地建立了单一的郡县制，“但置郡守”，实现了对其的全面掌控，也使蜀地最终得以安定。秦统一后至西汉，经过长期努力，秦汉中央王朝从根本上改变了先秦时期蜀地的属性，使蜀从原来独立或半独立的王国形态转变为中央王朝统一治理下的地域形态，蜀地的历史从此揭开新的一页。

『阆中丞印』封泥

::秦代

::长3.02厘米::宽3.84厘米

::陕西西安未央区相家巷出土，捐赠

::西安中国书法艺术博物馆藏

“蜀大府丞”封泥拓片

“蜀尉之印”封泥拓片

“成都丞印”封泥拓片

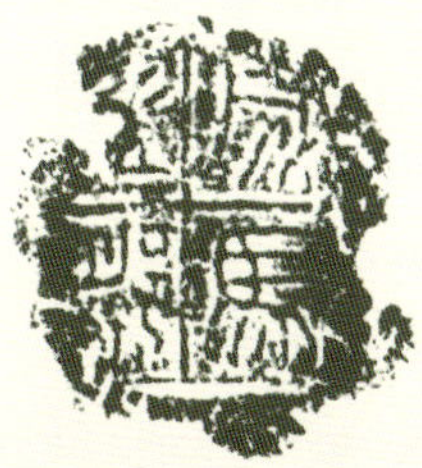

“成都左马”封泥拓片

成都城的修筑

古蜀国在先秦时期，就已经形成了比较完善的城市体系，并以此为依托与周边各地进行政治、文化和经济的交流。商代至西周时期，古蜀人以三星堆、金沙遗址为中心都城，并在其周边建立起多个规模不一的中小型聚落。战国至秦代，特别是秦并巴蜀后，四川盆地相继出现了一批新兴城市。城市数量增加，修筑城垣，并实现郡县二级网络管理体系，表明蜀地的城市体系初见端倪。

古蜀国先秦时期城市体系图

三星堆遗址，古蜀早期都城；
金沙遗址，古蜀晚期都城；
郫，今四川成都郫都区，古蜀都城；
开明王城，今四川芦山；
南安，今四川乐山，开明故治，蜀盐供应基地，沟通成都平原农业、手工业与南中半农半牧经济；
葭萌，今四川广元昭化区，蜀国苴侯封地；
南郑，今陕西汉中南郑区，蜀国北疆军事重镇；
严道古城，今四川荥经，铜矿资源战略要地，南方国际商贸路线出发点；
临邛，今四川邛崃，沟通成都平原与川西高原的经济、文化交流。

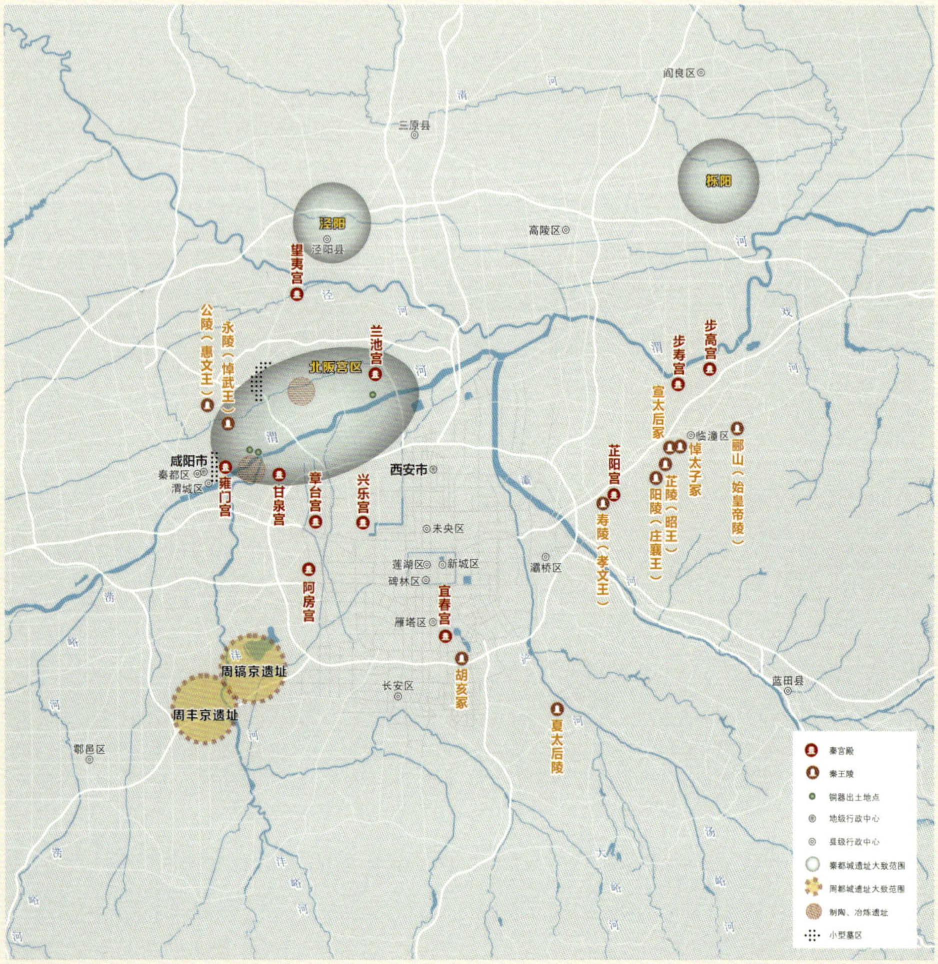

秦都咸阳布局示意图

秦都咸阳自秦孝公十二年（前350）“筑冀阙，秦徙都之”开始，经过秦惠文王“取岐、雍巨材，新作宫室。南临渭，北逾泾，至于离宫三百”，到秦昭襄王“欲通二宫之间，造长横桥”，再到公元前221年，秦始皇兼并天下，“因北陵营殿，端门四达，以则紫宫，象帝居。渭水贯都，以象天汉；横桥南渡，以法牵牛”，成为秦帝国的政治、经济、文化、交通中心，且其规模一直在不断地扩大之中。

张仪筑成都城的平面布局图

西周时期的金沙遗址是现存成都建城的最早遗存。巴蜀归秦后，张仪与张若所筑的成都城“周回十二里，高七丈”。城内分为大城和少城两部分，大城为郡署所在，少城为县衙所在。少城分南北二城，北部居官署，南部居商贾，集市则在少城内外。其规划、设计、布局基本是对当时秦都咸阳的模仿，由此也奠定了成都城的基本格局。从此，成都成为举世罕见的“3000年城址不迁、2500年城名不改”的古老城市。

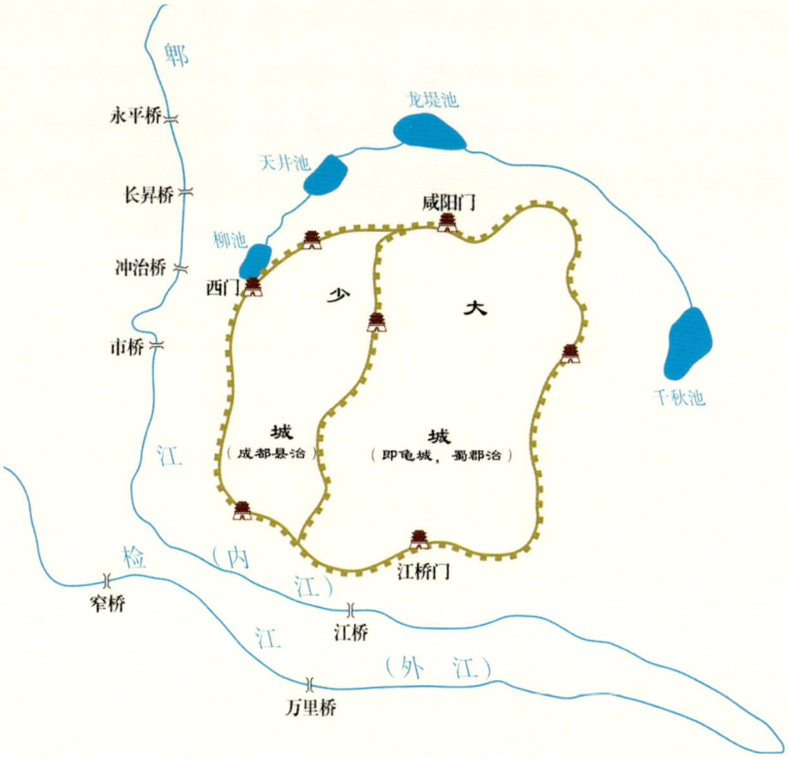

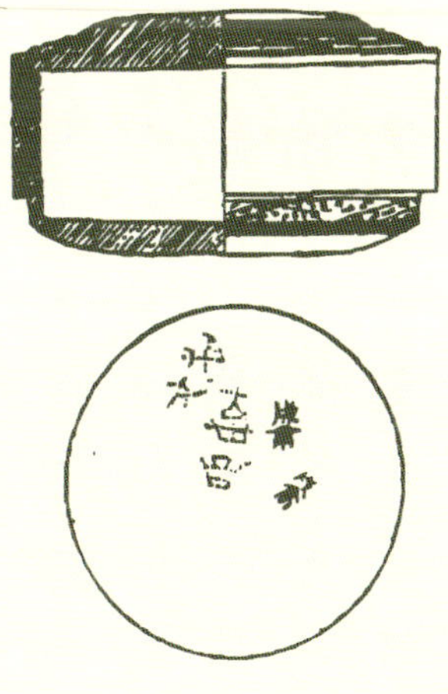

青川战国墓 M41 出土漆奁线图
（底部有两组填朱的“成亭”烙印戳记）

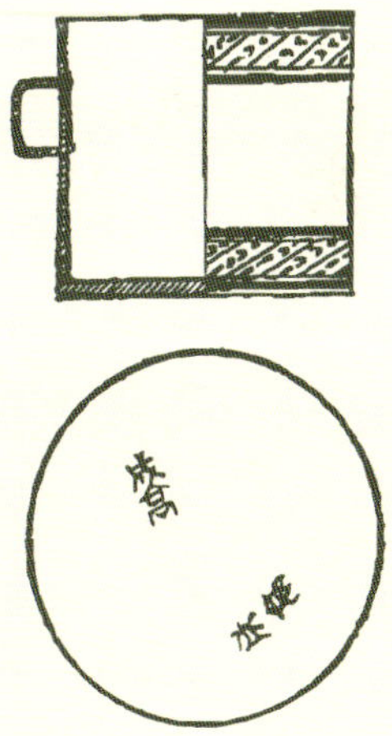

青川战国墓 M26 出土漆卮线图
（底部有“成亭”烙印戳记）

“成亭”漆器

秦移民大量入川，带去了秦既有的社会、经济关系，推动了秦政令在巴蜀地区的实施。青川、荥经两地墓葬出土的漆器上的“成亭”印记，是秦人在成都设立市亭机构的历史见证。

虎头纹铜矛

:: 战国晚期

:: 长21.9厘米 :: 宽3.1厘米 :: 銎径2.8厘米

:: 四川荥经同心村土坑墓（M1）出土

:: 雅安市博物馆藏

◎弧形窄刃，刺身呈柳叶状，圆弧形脊，中空至尖。在弓形双耳间骹面铸饰一浅浮雕虎像。一面铸虎的头顶及虎的前躯，虎身绕骹侧迂回向上，虎身双腿匍匐，虎尾伸直，尾尖上卷直至刺身；虎的下鄂饰在骹的另一面前端。这样即可以从矛的侧面窥见虎像全貌。虎头硕大，身躯长如蛇，蜿蜒至另一面，虎的长舌则由骹前部和刺叶取代。虎口大张，露牙，瞪目，竖耳，虎舌长伸。在虎首前的骹面有阴刻铭文『成都』二字，刺身脊上另阴刻一『公』字。它为研究巴蜀青铜兵器提供了重要的实物资料。

正反两面

蜀郡所设 19 个县古今名称对照表

县　名	治所及今地	主要依据
成　都	治今四川成都城区北	《华阳国志·蜀志》载："成都县本治赤里街，（张）若徙置少城内城。"
郫	治今四川成都郫都区郫筒镇北	《华阳国志·蜀志》载，张若等修筑郫城。
临　邛	治今四川邛崃临邛街道	《华阳国志·蜀志》载，张若等修筑临邛城。
广　都	治今四川成都天府新区华阳街道	蜀国故都所在地之一。《华阳国志·蜀志》载：李冰"穿广都盐井"。
繁	治今四川彭州天彭街道	《方舆纪要》载：彭县"秦为蜀郡繁县地"。
沮	治今甘肃陇南武都区	《元和郡县志》卷二二载："兴州，《禹贡》梁州之域。战国时为白马氐之东境。秦并天下，属蜀郡"，汉武帝时划为武都郡。
葭萌(明)	治今四川广元昭化古城	蜀国故邑。《史记·货殖列传》载："诸迁虏少有馀财，争与吏，求近处，处葭萌。"
湔氐道	治今四川淞潘北元坝子村	《华阳国志·蜀志》载：李冰"至湔氐县"。唐卢求《成都记》说，湔山（氐）县在导江县。此县置于公元前277年后李冰修筑都江堰时。
武　阳	治今四川眉山彭山区江口镇	《蜀王本纪》载："秦惠王遣张仪司马错伐蜀，开明王拒战，退走武阳，获之。"
严　道	治今四川荥经西	《史记·樗里子列传》载："秦封樗里子，号为严君。"《索引》案：当是封之严道。《太平寰宇记》卷七载，雅州即秦严道县之地。
僰　道	治今四川宜宾	秦五尺道起点。《华阳国志·蜀志》载，《秦纪》言僰僮之富，李冰烧崖以通江道。僰道县城筑于高后六年。
南　安	治今四川乐山	《华阳国志·蜀志》载："时青衣有沫水，出蒙山下，伏行地中，会江南安。"汉高祖六年（前201）封宣虎为南安侯（《史记·高祖功臣年表》），证明在此之前早有南安县。
汁方（什邡）	治今四川什邡方亭镇	《华阳国志·蜀志》载，李冰导洛水时经什邡、郫、别江，会新都大渡。汉高祖六年封雍齿为什邡侯，当时来不及新置县，当为秦旧县。
青衣（道）	治今四川芦山芦阳镇	《史记·彭越列传》载，刘邦欲流放彭越于蜀青衣。当时汉朝初建，来不及新置县，当为秦旧县。《太平寰宇记》卷七四载，龙游县本汉青衣道。
新　都	治今四川成都新都区	蜀故都之一。李冰时仍有新都县。
郪	治今四川三台县南	《太平寰宇记》卷八二载，汉高祖六年分置广汉郡（辖县六）时已有郪县。当时广汉辖县皆取秦旧县。
资　中	治今四川资阳雁江镇	《太平寰宇记》卷七六《资州》载，秦为蜀郡，汉为犍为郡之资中县也。
梓　潼	治今四川梓潼	《华阳国志·蜀志》载，蜀王遣五丁迎秦五女，还经梓潼见一大蛇入穴中……《元和郡县志》载，梓州，秦并天下是为蜀郡。《太平寰宇记》卷八四载，秦之蜀郡，汉广汉郡之梓潼县。此地处秦蜀交通要道，蜀国时已是重镇，秦置以为县。
汉　阳	治今贵州威宁	《史记·西南夷列传》载："秦时常頞略通五尺道，诸此国颇置吏焉。"《史记·司马相如列传》载："邛、筰、冉、駹者近蜀，道亦易通，秦时尝通为郡县，至汉兴而罢。"《山海经·海内东经》载："濛水出汉阳西，入江，聂阳西。"

秦郡县制

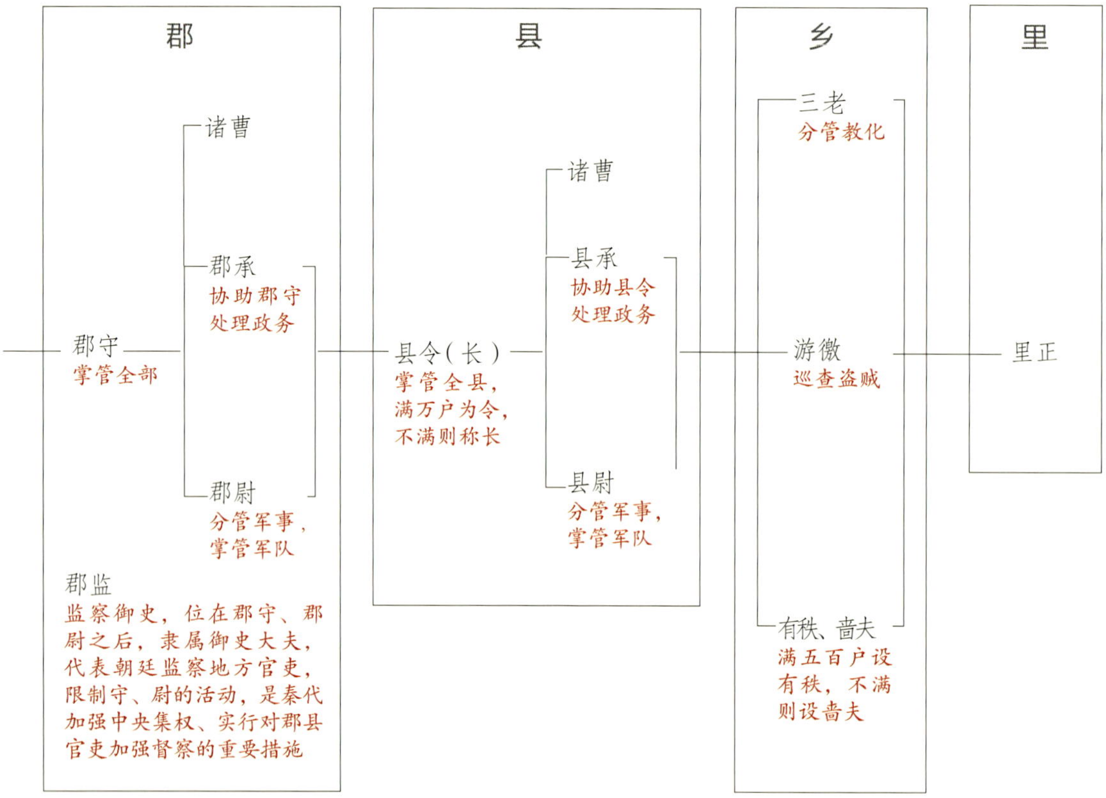

郡、县、乡、里四级地方行政管理组织图解

秦完成统一后，在全国范围内广泛推行郡县制，最初设立了三十六个郡，后来发展到四十八个（一说四十六个）郡，对全国广大疆域进行管理。

列备五都

◎西汉晚期，成都一度成为首都长安之外最繁荣的城市，盐、铁、铜、锦、漆器等产品畅销各地，与洛阳、邯郸、临淄、宛齐名，号五都。汉代成都城街道整齐，列肆井然，庭院宽敞，楼台巍然，街市上车水马龙，是一座生机勃勃的发展之城。

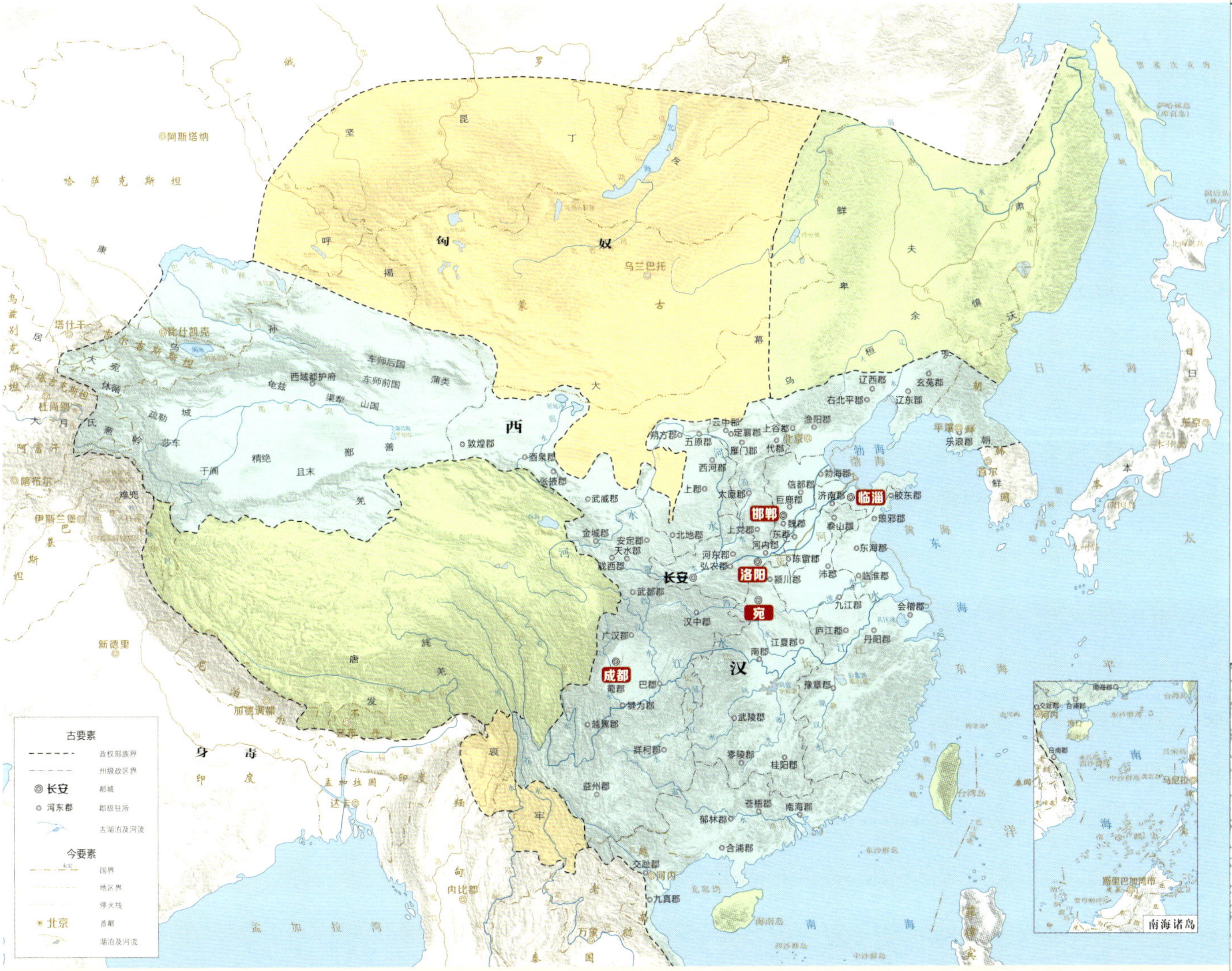

西汉五都分布图

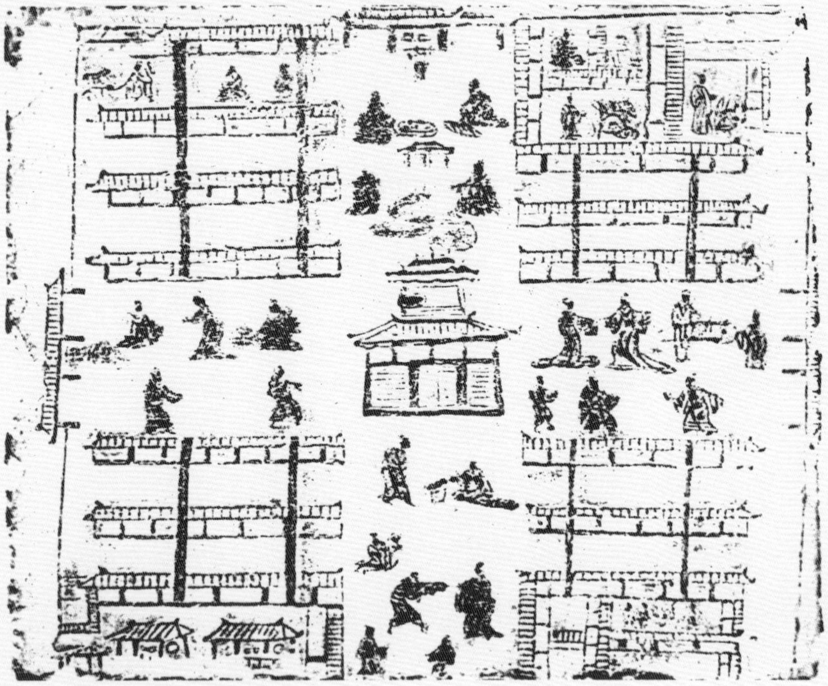

汉代成都市郊市肆画像砖拓片

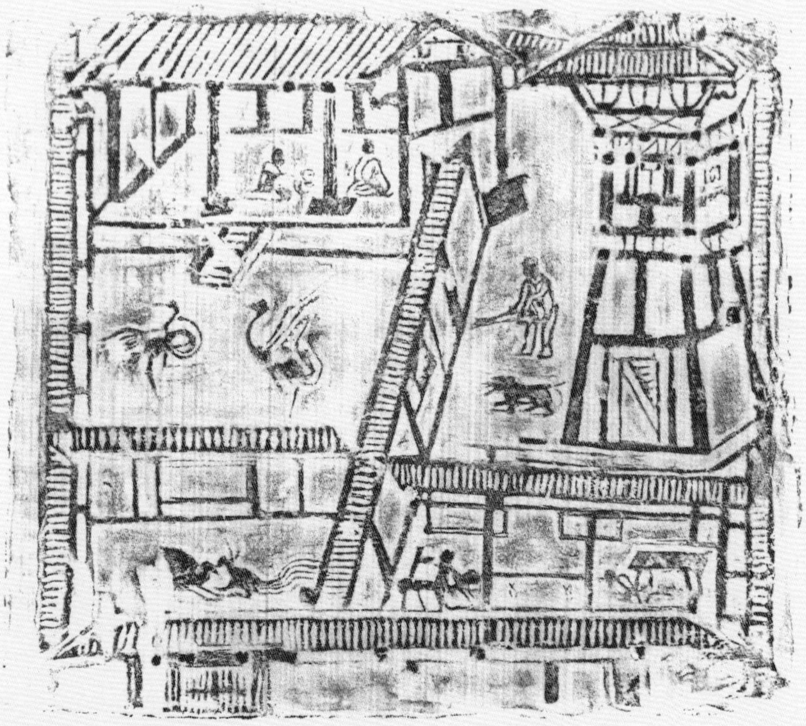

汉代庭院画像砖拓片

重视农桑

成都平原广袤无垠、土质肥沃，具有良好的农业发展基础，是秦国向西南发展的首要选择。秦并巴蜀后，大力发展农业生产，开阡陌，修订田律，推广铁器和牛耕。在秦的经营下，蜀地农业人口和农田面积明显增加，粮食产量提高，农作物种类愈加丰富，耕作技术不断进步，牧业和饲养业也有所发展。秦国还注重发展工商业，“修整里阓，市张列肆，与咸阳同制”，设置“盐铁市官并长、丞”，设置专门制造丝织品的机关——锦官，使巴蜀地区的丝织、冶铁、煮盐业很快形成特色并著称于世。经过惠、昭诸王的经营，巴蜀地区不仅成为秦统一六国的大后方，而且成为秦向周边地区扩张的前沿阵地。

『更修田律』木牍

∷战国

∷长46厘米∷宽2.5厘米∷厚0.4厘米

∷四川青川M50出土

∷四川省文物考古研究院藏

◎青川县M50出土的秦武王二年（前三〇九）『更修田律』木牍，全面反映了秦在巴蜀实施『开阡陌』制度的详细规定。《为田律》是丞相（甘）茂、内史郾（yǎn）参照秦律而为蜀地更修的田律。该律规定行大亩（二百四十方步），百亩为顷。并且根据南方水田的特点，强调亩上筑畛（田间小路）以便溉浸。《为田律》十分重视封埒（liè，田埂、堤防）标志的设立，以确保农户的土地所有权不受侵犯。它还对农田基本建设做出一些具体规定，如正疆畔、除浍、为桥、修陂堤、利津梁、除道等。以上活动在北方农区一般皆在春三月进行，而青川《为田律》却规定在秋八、九、十月进行，大概也是为适应地区农事特点而采取的变通措施。

发展手工业

秦在全国各个郡县设置官营手工业机构，即“工室”，以承担官府所需物品的生产。工室的经营范围十分广泛，包括制造铜器、铁器、漆器等。巴蜀地区物产丰饶，为手工业的发展创造了优越条件。秦并巴蜀后带来的先进经验和技术，为蜀地手工业的发展创造了契机。秦在蜀郡设置的工室称为东工，建在成都城外东郊。工室受朝廷和蜀郡守的双重管理，实行“物勒工名”制度，即在产品上标注制造年代、生产地工官、器物的名称、制造者以及官吏的署名、吉祥语等。西汉早期承秦制，仍称工室，到景帝、武帝时期改名为“工官”。西汉中后期在蜀郡成都与广汉郡雒县设置工官，隶属于少府，西汉蜀郡工官改称“蜀郡西工”。蜀地工官的生产规模大、技术精湛、产品多样，代表了西南地区手工业发展的先进水平。

蜀郡西工

2021 年，考古工作者在四川成都青羊区字库街遗址的秦代灰坑出土的竹木器中提取出 260 余片秦简牍，其上有“成都”“西工”“西工师”字样。“西工”为蜀郡西工室；“西工师”是官职名，为西工室机构中管理工匠的官吏。这说明字库街出土的简牍很可能与著名的蜀郡西工有关。

这批秦昭襄王至秦王政（始皇）时期的简牍表明，早在秦治巴蜀时期，成都不仅有蜀郡东工，也可能有蜀郡西工；汉代西工很可能也是汉承秦制，延续了秦代的工官制度。

“蜀西工丞”封泥拓片

铁官

战国末期以前，蜀地冶铁技术基础薄弱。公元前 310 年，秦在成都设铁官，这是蜀地首次正式设置铁官。至此，秦将蜀地铁器的生产与销售纳入官营范畴。铁官正职称为“长”，副职称为“丞”。除了官营，秦还鼓励冶铁私营。私营冶铁业者可以开矿，可以冶铸铁器和销售铁器，但须向官府纳税。《汉书·食货志》载：“盐铁之利，二十倍于古。”因税收高，一般民户无法承担，秦政府多将冶铁与开采铁矿的权利交予大商贾。战国末期，秦将大批关东六国移民迁至蜀地，带来了先进的冶铁技术，蜀地的冶铁业逐渐发展壮大起来。

简牍中的秦手工业管理

工室中的官吏称工师。《荀子·王制》载："论百工，审时事，辨功苦，尚完利，便备用，使雕琢、文采不敢专造于家，工师（工官）之事也。"同时，秦朝政府设置采山啬夫，负责铁矿生产。从出土的简牍可知，秦对手工业工匠的管理、生产原则、产品质量的保障、生产标准的设定和劳绩的核算等，都有严格的法律规定。

秦手工业管理制度一览表

范围	内容	秦律记载
工匠管理	一是规范工匠资格的取得与赎免；二是严格要求工匠的日常训练事务。	
工匠资格	工匠主要是由普通劳役者转变而来。劳役者若要成为工匠，先决条件有二：一是隶臣如"有巧"，便有成为工匠的机会；二是工隶臣亦可通过"斩首"获得成为普通工匠的资格，残废的则可做隐官工。	《秦律十八种·均工律》记载："隶臣有巧可以为工者，勿以为人仆、养。" 《秦律十八种·军爵律》："工隶臣斩首及人为斩首以免者，皆令为工。其不完者，以为隐官工。"
工匠训练	一是由工师负责训练工匠，"战国和秦代，器物上总有工师的名字，工师是常见的官名"；二是工匠的学徒期为故工一年、新工两年；三是对提前学成的学徒会予以奖励，而期满仍未学成的则要上报内史，面临处罚。	《秦律十八种·均工律》："新工初工事，一岁半红（功），其后岁赋红（功）与故等。工师善教之，故工一岁而成，新工二岁而成。能先期成学者谒上，上且有以赏之。盈期不成学者，籍书而上内史。"
生产原则	一是不能违规生产；二是产品规格要统一。违规生产，工师与丞同时受罚二甲。生产同类产品时，要求它们的规格必须符合统一标准。	《秦律杂抄》："……非岁红（功）及毋（无）命书，敢为它器，工师及丞赀各二甲。" 《秦律十八种·工律》："为器同物者，其小大、短长、广亦必等。"
产品质量	秦律针对监管者与劳役者分别采用不同的刑种，来督促他们生产出合格的产品。秦律规定，年度考核评比中，产品质量被评为下等的，罚工师一甲，罚丞、曹长二甲；若连续三年被评为下等的，则加倍处罚，过错年限与处罚轻重成正比。大体看来，赀刑用于监管领域中的啬夫、丞、吏和曹长等，笞刑施于生产环节中的城旦与徒。漆园与矿业生产是国家的重要经济命脉。所以，凡发现监管不力的情况，除赀刑之外，还会附加"废"刑。不过，对漆园生产的处罚略重于矿业生产。	《秦律杂抄》："省殿，赀工师一甲，丞及曹长一盾，徒络组廿给。省三岁比殿，赀工师二甲，丞、曹长一甲，徒络组五十给。……县工新献，殿，赀啬夫一甲，县啬夫、丞、吏、曹长各一盾。城旦为工殿者，治（笞）人百。大车殿，赀司空啬夫一盾，徒治（笞）五十。" 《秦律杂抄》："采山重殿，赀啬夫一甲，佐一盾；三岁比殿，赀啬夫二甲而法（废）。殿而不负费，勿赀。赋岁红（功），未取省而亡之，及弗备，赀其曹长一盾。大（太）官、右府、左府、右采铁、左采铁课殿，赀啬夫一盾。"
生产标准的设定与劳绩核算	秦律根据环境与季节的不同而分别设置相应的生产标准。受季节因素影响，冬天的生产标准低于夏天。而关于劳绩的核算，因工种、年龄和性别的不同而有所区别。擅自增加劳绩天数的，赀刑处之。一般情况下，女工的劳绩低于男工。	《秦律十八种·工人程》："隶臣、下吏、城旦与工从事者冬作，为矢程，赋之三日而当夏二日。" 《秦律十八种·工人程》："冗隶妾二人当工一人，更隶妾四人当工［一］人，小隶臣妾可使者五人当工一人。" 《秦律十八种·工人程》："隶妾及女子用箴（针）为缗绣它物，女子一人当男子一人。" 《秦律杂抄·中劳律》规定："敢深益其劳岁数者，赀一甲，弃劳。"

『九年相邦吕不韦』铜戈

:: 战国
:: 横长26.6厘米 :: 纵长16.3厘米 :: 厚0.4厘米
:: 四川青川郝家坪出土
:: 青川县文物管理所（县博物馆）藏

◎ 铜戈正面铭刻『九年，相邦吕不韦造。蜀守宣，东工守文，丞武，工极，成都』，反面铭刻『蜀东工』。『相邦吕不韦』指当时的秦国丞相吕不韦。『蜀守宣』指当时的蜀郡守，名宣。『东工守』指生产这件兵器的官营兵器作坊的长官，名文。『丞武』指作坊的副职，名武。『工极』指铸造这件兵器的工人，名极。在一件兵器上把各级负责人的名字都铸上去，是秦国『物勒工名』生产制度的反映。该戈的铭文，填补了蜀郡守一职在文献史料记载中的不足，且表明『成都』一名至迟在公元前238年已经存在，对成都得名的由来及成都城市发展史的研究有不可替代的史料价值。秦国的兵器生产分为中央督造和地方督造。这件器物的铭文既记录有朝廷的相邦吕不韦，又有地方的蜀郡守，这在战国兵器铭文中实属罕见。

『蜀左织官』封泥

:: 秦代
:: 长2.7厘米 :: 宽3厘米 :: 高0.8厘米
:: 陕西西安未央区相家巷出土，捐赠
:: 西安中国书法艺术博物馆藏

◎ 秦代的工官体系较为完善，纺织业以官营为主导，呈体系化生产，并设『左织』『右织』专职官员对纺织业进行管理。

兴修水利

兴修水利是发展农业的重要保障。公元前256年，李冰任蜀守，相继考察滁氐县、汶山等地，了解天彭山、天彭阙等岷江上游的地势、水势情况。在掌握岷江水流特征和规律后，李冰对都江堰渠系和蜀郡内诸多河流展开了大规模的清理淤塞、平除险滩、烧凿危崖等工程，采取“壅江作堋”“穿郫江、检江，别支流双过郡（蜀郡、成都）下”和“溉灌三郡，开稻田”等措施，修建了以都江堰为核心的大型水利工程系统。这些工程使蜀地既得行舟之便，又获溉浸之利，为其经济的快速发展奠定了坚实的基础，使其取得了“沃野千里”，“天下谓之‘天府’”的伟大业绩。

水工大成

李冰跋山涉水，深入岷江及其上游反复考察、论证，科学选址，并综合历代水工经验，在岷江干流进入成都平原起点处修建都江堰渠首枢纽工程。他充分利用地形、地质、水文条件，恰当处理洪水枯水之间、水沙之间和时空之间的关系设计建堰。都江堰渠首位于今四川都江堰市北部，是岷江干流由峡谷进入成都平原的起点。鱼嘴、宝瓶口、飞沙堰作为都江堰渠首三大工程，彼此配合，相辅相成，发挥了分流、排沙、滞洪、引灌的作用，既保证了平原的用水，又不至于形成水灾。

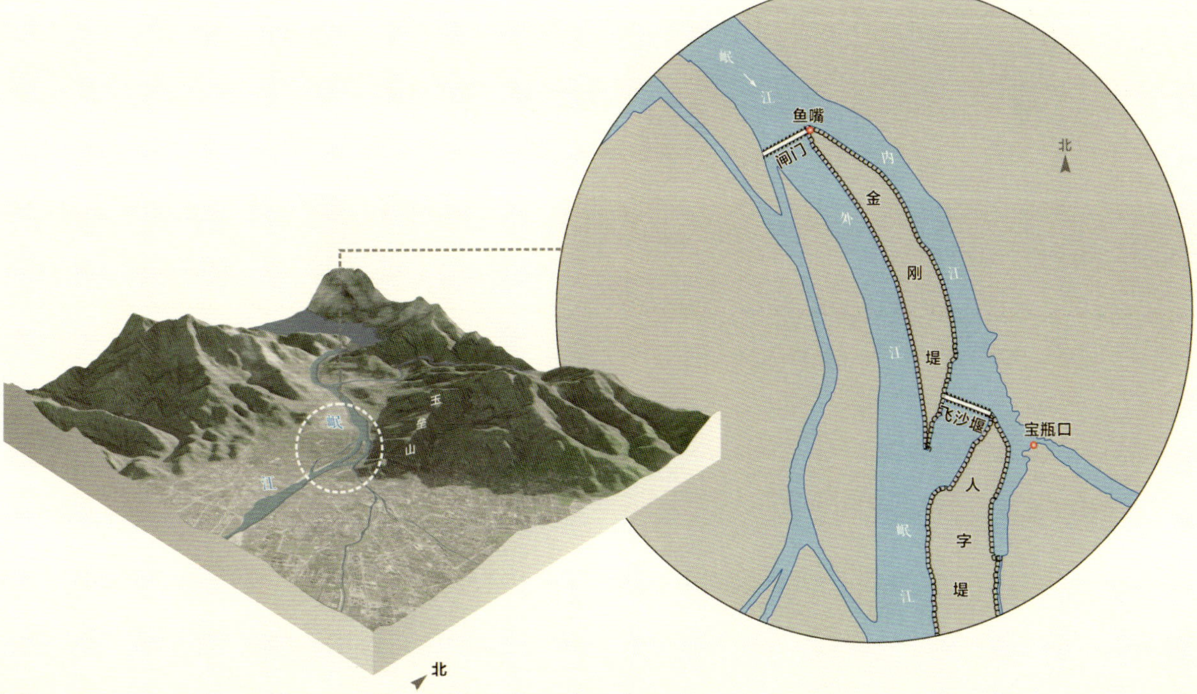

都江堰水利枢纽示意图

堰成惠蜀

都江堰是目前世界上修建时间最早且唯一留存、以无坝引水为特征的宏大水利工程。它修建2250多年来，始终发挥着引渠灌溉的作用，是成都平原成为天府之国最重要的保障。

李冰除了修建都江堰和导成都二江外，还对成都平原北部的洛水和绵水进行了疏导治理，并取得了很好的效果。洛水和绵水周边地区的稻田得到了灌溉，极大地改善了农业生产条件。李冰平息水患，安宁蜀郡的同时，又大规模地开展了城市和经济建设，使得蜀郡经济第一次空前繁荣，既支援了秦的统一战事，又为天府之国的建设夯实了根基。

汉代成都平原生产井盐画像砖拓片

李冰曾下令在今四川双流、仁寿一带开凿盐井。有研究者认为，成都井盐开凿始于李冰治蜀时期，是世界上最早利用天然气煮盐的地区。秦汉时期，成都是全国最著名的井盐生产区，生产技术代表全国最高水平，在全国井盐开凿史上具有开创先河的意义。

《华阳国志·蜀志》载，李冰平南安盐溉，“穿广都盐井、诸陂池，蜀于是盛有养生之饶焉”。

都江堰出土的汉代陂池画像石

这件画像石于1964年四川都江堰市崇义公社罗桥村鬼家庄汉代砖室墓出土，同时出土的还有石马、石俑以及榫头汉砖、花边汉砖等。其内容分为三个部分：左侧较大，刻画树木1株、小船1艘、人物10人（其中劳作者8人、撑伞怀抱婴儿的妇女1人、婴儿1人）、草团3束；右侧上半部水塘内刻莲蓬5支、鸭3只、田螺3个、青蛙2只、梯级水闸1处；右侧下半部水塘内刻莲叶2片、螃蟹1只、鳖1只、鱼5尾、水闸和水栅栏各1处。这件画像石又称“淡水养殖画像石”，其体量巨大、内容丰富，充满生活气息，展现了东汉时期在都江堰水利工程滋养下的川西平原的社会生活形态和农业生产状况。

恩泽后世

自李冰创建都江堰水利工程后，历代其灌区面积不断扩展，2022年已达1130万亩（约7533平方千米），覆盖广袤的成都平原与川中丘陵地区，使这里成为我国最大的水利灌区。今天，都江堰水利工程系统的作用已由单一的农田灌溉，发展成为以农田灌溉与生活、工业、生态供水为主，兼顾防洪、发电、水产、养殖、旅游等功能的发挥综合效能的基础设施。它既是新时代四川经济发展的基础，又是四川文旅事业发展的载体，具有重要的核心价值。

都江堰水利工程历代灌区面积扩展表

时　间	灌溉面积	主要功能	备　注
秦汉时期	约50万亩（约0.03平方千米）	农业灌溉、防洪、漂木、航运	
宋　代	150万亩（1000平方千米）	农业灌溉、防洪、漂木、航运	
清　代	200万亩（约1333平方千米）	农业灌溉、防洪、漂木、航运	成都平原4个州县
民　国	约288万亩（约1920平方千米）	农业灌溉、生活、防洪、航运	
中华人民共和国	1130万亩（约7533平方千米）	工农业生产与生活、防洪、发电、旅游等	覆盖四川7市(地)、40县(市、区)，是四川人口最密集、经济最发达的地区

汉代广汉东市画像砖拓片

汉代新都集市画像砖拓片

《华阳国志·蜀志》记载："惠王二十七年，（张）仪与（张）若城成都，周回十二里，高七丈……造作下仓，上皆有屋，而置观楼射兰。成都县本治赤里街，若徙置少城内。营广府舍，置盐、铁、市官并长丞；修整里阓，市张列肆，与咸阳同制。"四川地区出土的市肆和集市画像砖正是对蜀地繁荣景象的再现。

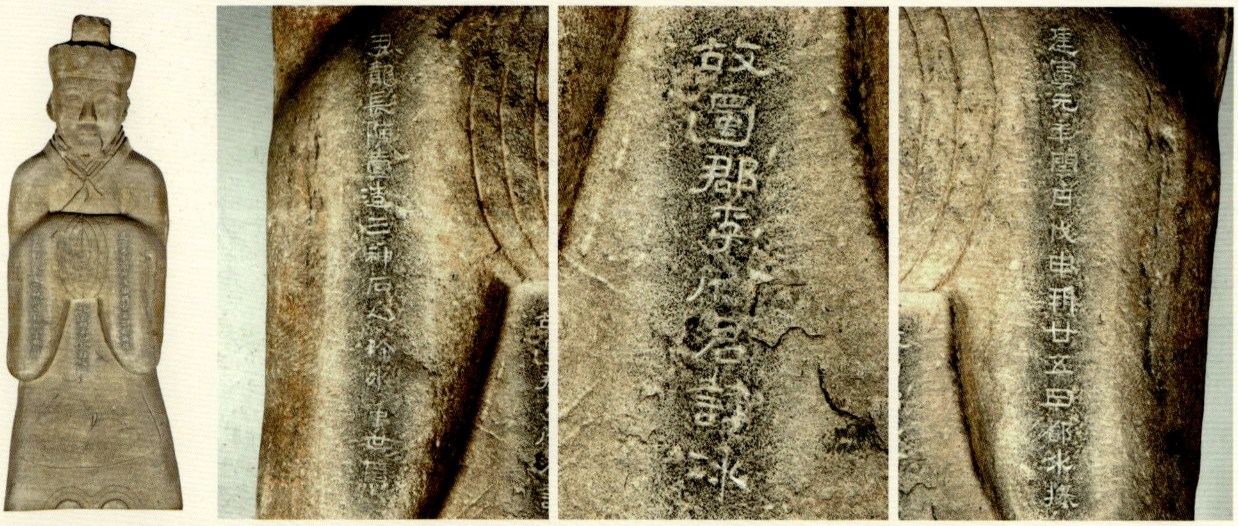

东汉李冰石像

1974 年 3 月 3 日，群众从河道里清理出一尊由本地青石凿成，底部有榫头，身高 290 厘米、肩宽 96 厘米、厚 4 厘米、重约 4 吨的石像。石像五官端正，面带笑容，身穿长衣，拱手垂袖，平视而立。由其胸前的文字，可断定这尊石像是东汉时期雕刻的李冰像。它不仅解决了在此之前史学界对李冰和他修筑都江堰的学术争论，也证明了早在汉代，即在李冰修建都江堰百年之后，都江堰地区就修筑有专门祭祀李冰的祠堂。

石像衣襟中间和左右袖上有隶书题记三行："故蜀郡李府君讳冰 / 建宁元年闰月戊申朔廿五日都水椽 / 尹龙长陈壹造三神石人珎（镇）水万世焉"。

持锸堰工石像

1975 年 1 月 18 日，都江堰渠首扩建外江闸护滩时出土一尊持锸堰工石像。这尊高 185 厘米、肩宽 70 厘米、重约 2 吨的无头石像，双手持锸（锸高 28 厘米、宽 25 厘米、长 134 厘米）而立，服装纹理清晰。从石像造型、雕刻手法以及石质上看，持锸堰工石像与李冰石像十分相似，应该也是东汉时期的作品。

东汉建安四年正月中旬故监北江堋太守史郭择赵汜碑

2005 年 3 月 4 日，在都江堰渠首外江闸 2 号闸桥墩处，出土东汉石碑一通和石构建若干。通碑高 212 厘米（上部残断 77 厘米），上宽 95 厘米，下宽 103 厘米，厚 25 厘米。圆弧形碑额浅浮雕朱雀图案，正中穿孔，孔径 10 厘米。碑文竖排楷书 15 行，共 414 字，可辨识者 350 余个。碑文内容分为三个部分：第一部分讲述了监（监修）北江堋（都江堰）太守史（受太守委托监修都江堰的官员）郭择、赵汜二人的生平事迹及他们的善行义举；第二部分讲述了他们受太守委派负责维修北江堋工程，亲临现场监督指挥，在很短的工期内，保质保量地将堋堰修好，获得好评，故立碑表彰的事情；第三部分讲述了堋吏出钱为郭、赵二人立碑的缘起。此碑是目前为止发现的最早直接记述都江堰堰史的珍贵实物。

李冰治蜀事迹一览表

类别	事迹	备注
行政管理	设立湔氐道	湔氐道多认为在都江堰，一说在松潘北
	设立犀牛里、白沙邮	
水利建设	创修都江堰	时称壅江作堋
	疏通成都二江	别称众多，郫江以内江、北江最知名，检江以外江、南河、锦江最知名
	穿凿羊摩江	今羊马河
	开凿石犀溪	联结郫江与检江之人工渠道
	凿平南安溷崖	今四川乐山岷江段
	平雷垣险滩	
	平盐溉险滩	
	开僰道崖滩	今四川宜宾长江水道
	通文井江	今四川崇州西河
	导通洛水	今四川德阳石亭江
	导通绵水	今四川德阳绵远河
	做三石人水则	今都江堰渠首
	做二石马水标及镇水神	今都江堰渠首
	做五石犀镇水神	成都二江
经济建设	开稻田	成都平原及周边浅丘地区
	穿挖广都盐井	今四川双流、仁寿一带
	缮成都城，开埠建市	今四川成都
桥梁道路建设	建设7座桥梁	成都二江
	协助建设蜀道	今陕西汉中

战国中晚期的蜀墓：
川军为秦的统一做了什么

Shu Tombs of the Middle and Late Warring States Period:
What did the Sichuan Army do for the Unification of Qin

秦并巴蜀后，秦在蜀地长期的政治、经济、军事经略，使蜀地成为秦平天下的大后方。巴蜀丰富的物资储备，为秦的统一战争提供了强大的物质保障，即“蜀既属秦，秦以益疆，富厚，轻诸侯”；蜀人的尚武精神与秦人包容、务实、开拓的精神相辅相成，为秦的统一提供了可靠的军事力量。

巴蜀的物资储备

战国末年，诸雄争胜，除了军事实力的比较外，在更大程度上则是经济实力的较量。秦并巴蜀，“得其地足以广国，取其财足以富民”。在秦的开拓和经营下，巴蜀地区成了农业发达、经济繁荣的富庶之地，史称“秦并六国，自蜀始”。快速发展的巴蜀地区，成为秦统一战争迅速推进的坚强后盾，也成为秦向周边地区发展的前沿阵地。

有了巴蜀丰富的物资储备和强大的军事支撑，秦国在兼并战争中节节胜利。

巴蜀式青铜釜甑

青铜釜甑是巴蜀文化的典型器物之一，由釜、甑两部分组成，主要出土于四川盆地及其边缘地区。在蜀文化的不同发展阶段，釜甑的形制也不断发生变化，尤其是其铸造方式从连铸到分铸的变化，说明了巴蜀社会的青铜器制作工艺在战国中晚期之际发生了重大改变。究其原因，是自身技术的正常发展，还是秦并巴蜀后受外来因素的影响，目前尚无定论。

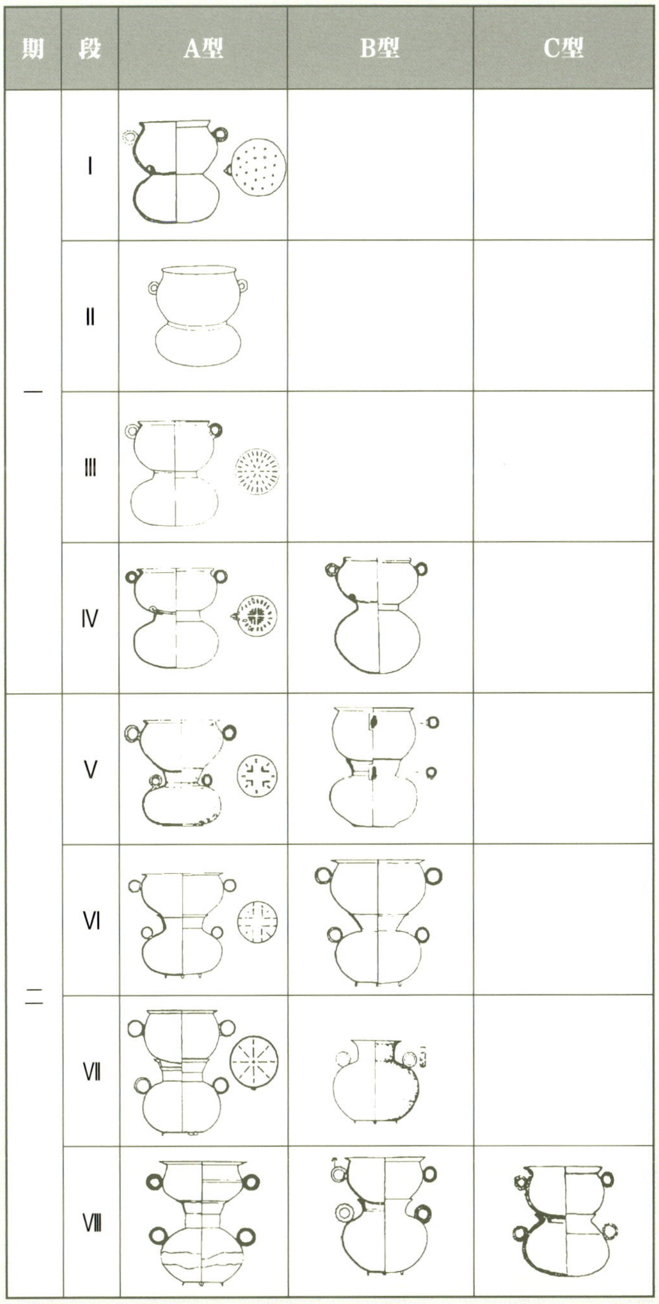

巴蜀式铜釜甑器形变化对比图

荥经南罗坝村战国墓

南罗坝村战国墓群位于四川荥经南罗坝村，与同心村隔河相望。荥经地处四川盆地西南缘，为成都平原和川西高原交界地带，属于古蜀国西部边陲地区。这里不但有战国晚期的蜀文化墓葬，也有秦人移民墓。其西北与石棺葬文化分布区相邻，向南就是安宁河流域的大石墓分布区，处于多种文化的交汇地带。从墓葬形制和随葬器物看，南罗坝村墓群与同心村墓群同属蜀文化墓葬。南罗坝村共发掘11座长方形竖穴土坑墓。墓群中出土陶器270余件，器物种类有豆、釜、鍪、罐、盆、甑等，器物组合为豆、釜、罐；出土铜器54件，以兵器为主，有戈、矛、剑等。此外，还出土有纺轮、料珠、漆器残片等。

四钮陶盖罍

:: 战国中晚期
:: 口径12厘米 :: 腹径20厘米 :: 高29.4厘米
:: 四川荥经南罗坝村战国土坑墓出土
:: 荥经县博物馆藏

三联盘陶盏

:: 战国

:: 盘径10厘米 :: 高20厘米

:: 四川荥经南罗坝村战国土坑墓出土

:: 荥经县博物馆藏

◎此器为夹砂灰褐陶，由三个器形相同的小盏相联而成，平面呈『品』字形。三个小盏之间以泥条联结，联结处接圆柱形实心柄。

辫索纹单耳铜鍪

::战国
::腹径11.8厘米::高16.3厘米
::四川荥经出土
::荥经县博物馆藏

双耳铜釜

:: 战国

:: 口径19厘米 :: 腹径24.5厘米 :: 通高19厘米

:: 四川汉源市荣乡出土

:: 汉源县文管所藏

曲尺纹铜斤

∷战国
∷刃宽8.8厘米∷銎宽4.6厘米∷銎高3.3厘米
∷四川荥经南罗坝村出土
∷荥经县博物馆藏

错金银卷云纹铜带钩

:: 战国

:: 长23.5厘米 :: 宽5.2厘米 :: 厚0.8厘米

:: 四川宝兴汉塔山战国土坑积石墓出土

:: 宝兴县文管所藏

箭镞（一组四件）

:: 战国晚期至秦代

:: 长3.9～5厘米 :: 宽0.9～2.1厘米 :: 厚0.9～1厘米

:: 四川成都字库街遗址出土

:: 成都文物考古研究院藏

石范（一组三件）

:: 战国晚期至秦代

:: 长12.3～12.8厘米

:: 宽3.9～4.3厘米 :: 厚2.8～4厘米

:: 四川成都字库街遗址出土

:: 成都文物考古研究院藏

铜斤

∷战国中晚期
∷长17.7厘米∷器径3（短）~3.4（长）厘米∷宽3厘米
∷四川彭州致和镇红瓦村青铜器窖藏出土
∷彭州市文物保护管理所藏

铜斤

∷战国中晚期
∷长17.7厘米∷器径3（短）~3.4（长）厘米∷宽3厘米
∷四川彭州致和镇红瓦村青铜器窖藏出土
∷彭州市文物保护管理所藏

铜斧

:: 战国
:: 长9厘米 :: 重145克
:: 移交
:: 绵阳市博物馆藏

巴蜀的军队储备

春秋战国时期，蜀国尚武，与周边战事频繁，成都平原出土的大量青铜兵器便是明证。秦并巴蜀后，获得了巴蜀地区强大的武力支持，并据地利之便，以包围之势攻取了楚国。长平之战后，秦将关中、巴蜀和中原其他地区的农业区连成一片，完全拥有了中国最早的农业中心。这不仅扩展了秦的疆域，而且使秦在经济上占有绝对优势，加快了其统一六国的步伐。

秦并巴蜀后蜀参与的伐楚战争

◎司马错率巴、蜀众十万，大舶船万艘，米六百万斛，浮江伐楚，取商于之地为黔中郡。

——《华阳国志·蜀志》

◎（昭襄王）六年，蜀侯煇反，司马错定蜀。庶长奂伐楚，斩首二万。

（昭襄王）八年，使将军芈戎攻楚，取新市。

（昭襄王）二十七年，错攻楚。

（昭襄王）三十年，蜀守若伐楚，取巫郡，及江南为黔中郡。

——《史记·秦本纪》

荥经同心村战国墓群

四川荥经同心村墓群，是一处战国晚期巴蜀文化的重要遗存。这里位于四川盆地西部边缘、邛崃山东麓，处于四川盆地与青藏高原的接合部，是战国秦汉时期邛、筰与蜀人的交通要道，也是南方古丝绸之路的门户和必经之路。同心村虽然地处蜀国的势力范围，但其文化面貌，特别是巴蜀符号的组合方式，与峡江地区的巴人基本相同。这说明荥经与犍为、宜宾、重庆、涪陵等峡江地区的联系更为紧密。荥经同心村墓地排列有序，随葬大量生活用品和兵器，说明这里曾是一个军事集团的公共墓地，当年生活在这里的军人可能是秦灭巴蜀后长期驻守在此的戍边部队。荥经同心村战国墓群的发现，为研究战国时期的巴蜀文化提供了珍贵的实物资料。

虎纹铜戈

∷战国

∷内宽3.6厘米∷内长6.6厘米∷刃宽4.2厘米

∷厚0.9厘米∷内穿0.85厘米

∷四川荥经同心村出土

∷荥经县博物馆藏

桃形穿铜戈

:: 战国

:: 刃宽4.5厘米 :: 内长7.9厘米 :: 内宽3.7厘米 :: 长25厘米

:: 四川荥经同心村出土

:: 荥经县博物馆藏

长援长胡素面铜戟

:: 战国

:: 刃宽3.2厘米 :: 内长6.7厘米

:: 内宽4.4厘米 :: 长28.2厘米

:: 四川荥经同心村出土

:: 荥经县博物馆藏

铜矛

:: 战国

:: 銎径2.2厘米 :: 厚0.15厘米 :: 长18.5厘米

:: 四川荥经同心村出土

:: 荥经县博物馆藏

『七年卢氏』铜戈

:: 秦代

:: 援长14.7厘米 :: 胡长7.5厘米 :: 阑长11.7厘米 :: 通长23.6厘米

:: 四川荥经同心村M1出土

:: 雅安市博物馆藏

◎ 此器上有铭文：『七年卢氏命韩□厥工师司马队作□』。

铜钺

∷战国
∷刃宽16.2厘米∷长11.1厘米∷厚4.8厘米
∷四川荥经同心村战国土坑墓出土
∷荥经县博物馆藏

双耳三兽足铜盖敦

:: 战国
:: 口径17.6厘米 :: 腹深15.8厘米
:: 四川荥经同心村出土
:: 荥经县博物馆藏

嵌绿松石四钮铜盖罍

:: 战国
:: 口径15.8厘米 :: 腹径29.7厘米
:: 通高43厘米
:: 四川荥经同心村战国土坑墓出土
:: 荥经县博物馆藏

漆耳杯（复制品）

∷战国

∷长15.4厘米∷宽23厘米∷高3.75厘米

∷四川荥经同心村巴蜀船棺葬出土

∷荥经县博物馆藏

『王』字纹铜印章

:: 战国

:: 长1.8厘米 :: 宽1.2厘米 :: 高1.1厘米

:: 四川荥经同心村战国土坑墓出土

:: 荥经县博物馆藏

『王』字纹铜印章

:: 战国

:: 直径2.7厘米 :: 厚0.2厘米 :: 高0.7厘米

:: 四川荥经同心村战国土坑墓出土

:: 荥经县博物馆藏

『王』字纹铜印章

:: 战国

:: 直径3厘米 :: 钮宽1.1厘米 :: 高1厘米

:: 四川荥经同心村出土

:: 荥经县博物馆藏

心形纹铜印章

:: 战国

:: 直径1.6厘米 :: 高1.75厘米

:: 四川荥经同心村战国土坑墓出土

:: 荥经县博物馆藏

心形纹铜印章

:: 战国
:: 直径1.4厘米 :: 钮高0.65厘米 :: 钮宽0.9厘米
:: 四川荥经同心村出土
:: 荥经县博物馆藏

心形纹铜印章

:: 战国
:: 长1.9厘米 :: 宽2.2厘米 :: 高1.7厘米
:: 四川荥经同心村出土
:: 荥经县博物馆藏

镂空鱼形柄铜剑

:: 战国
:: 长31厘米 :: 宽4.1厘米 :: 厚1.5厘米
:: 四川宝兴五龙乡瓦西沟战国石棺墓M2出土
:: 宝兴县文管所藏

虎头纹铜戈

:: 战国
:: 长18.3厘米 :: 宽8.6厘米 :: 厚0.6厘米
:: 捐赠
:: 宝兴县文管所藏

网格纹铜矛

:: 战国
:: 长30厘米 :: 柄径2.5厘米 :: 刃长19.5厘米
:: 四川宝兴汉塔山战国土坑积石墓出土
:: 宝兴县文管所藏

绵竹清道乡的蜀国将领墓

1976年，四川绵竹县清道乡发现了一座战国中期偏晚的船棺葬，出土了大批青铜器和陶器，其文物数量之多、种类之多，为川内罕见。此墓船棺粗糙而窄小，制作简单，出土器物大多为兵器，且是装有木柄的实用兵器。许多容器和工具都有不同的使用痕迹，炊器底部有浓厚的烟炱痕迹。该墓无墓穴，仅将船棺放在沙石滩上，棺内放置随葬器物，再用沙石掩埋。考古学家推测，该墓的主人或许是蜀国军队的将领，在战斗中突然死亡（很可能是战死）后被人们仓促埋葬。墓中所出不同文化因素的器物，应该是这位将领的战利品。

铜釜
:: 战国
:: 口径17厘米 :: 腹径28厘米 :: 通高23厘米
:: 四川绵竹清道乡金土村出土
:: 绵竹市博物馆藏

矮足铜豆

:: 战国
:: 口径15.8厘米 :: 底径6厘米 :: 通高9.6厘米
:: 四川绵竹清道乡金土村出土
:: 绵竹市博物馆藏

三牛钮铜鼎盖

:: 战国
:: 盖径32厘米 :: 通高5.5厘米
:: 四川绵竹清道乡金土村出土
:: 绵竹市博物馆藏

双衔环四钮铜钫

:: 战国
:: 口径11.8厘米 :: 通长24.5厘米
:: 通宽24厘米 :: 通高51.5厘米
:: 四川绵竹清道乡金土村出土
:: 绵竹市博物馆藏

饕餮纹错金铜剑鞘

∷战国
∷通长21.5厘米∷通宽6厘米∷厚1厘米
∷四川绵竹清道乡金土村出土
∷绵竹市博物馆藏

兽钮四耳铜豆

:: 战国
:: 口径18.9厘米 :: 通长29厘米
:: 通宽19厘米 :: 通高29厘米
:: 四川绵竹清道乡金土村出土
:: 绵竹市博物馆藏

铜提梁壶

:: 战国

:: 口径11.5厘米 :: 腹径22厘米

:: 底径13.4厘米 :: 通高38厘米

:: 四川绵竹清道乡金土村出土

:: 绵竹市博物馆藏

铜矛

::战国
::通长26.8厘米::通宽6厘米::厚3厘米
::四川绵竹清道乡金土村出土
::绵竹市博物馆藏

铜矛

::战国
::通长24.3厘米::通宽5.5厘米::厚2.5厘米
::四川绵竹清道乡金土村出土
::绵竹市博物馆藏

铜剑

::战国

::通长40厘米::通宽3.7厘米::厚0.6厘米

::四川绵竹清道乡金土村出土

::绵竹市博物馆藏

铜剑

::战国
::通长31.4厘米::通宽3.7厘米::厚0.4厘米
::四川绵竹清道乡金土村出土
::绵竹市博物馆藏

铜剑

::战国
::通长28厘米::通宽3.5厘米::厚1厘米
::四川绵竹清道乡金土村出土
::绵竹市博物馆藏

三角援铜戈

::战国

::通长21.7厘米::通宽9.5厘米::厚0.6厘米

::四川绵竹清道乡金土村出土

::绵竹市博物馆藏

三角援铜戈

::战国

::通长25.5厘米::通宽13厘米::厚0.2厘米

::四川绵竹清道乡金土村出土

::绵竹市博物馆藏

铜钺

:: 战国

:: 通长14.1厘米 :: 通宽7厘米 :: 厚3厘米

:: 四川绵竹清道乡金土村出土

:: 绵竹市博物馆藏

铜凿

::战国

::通长9.6厘米::通宽3厘米::厚1.5厘米

::四川绵竹清道乡金土村出土

::绵竹市博物馆藏

铜凿

::战国

::通长17厘米::通宽1.7厘米::厚1.7厘米

::四川绵竹清道乡金土村出土

::绵竹市博物馆藏

铜凿

:: 战国

:: 通长18厘米 :: 通宽1.8厘米 :: 厚1.8厘米

:: 四川绵竹清道乡金土村出土

:: 绵竹市博物馆藏

铜锛

:: 战国
:: 通长15厘米 :: 通宽6.8厘米 :: 厚3.6厘米
:: 四川绵竹板桥镇出土
:: 绵竹市博物馆藏

铜斧

:: 战国
:: 通长17.6厘米 :: 通宽7厘米 :: 厚4厘米
:: 四川绵竹清道乡金土村出土
:: 绵竹市博物馆藏

铜布币

::战国

::通长4.7厘米::通宽2.7厘米::厚0.15厘米

::捐赠

::绵竹市博物馆藏

铜布币

::战国

::通长4.5厘米::通宽2.6厘米::厚0.1厘米

::捐赠

::绵竹市博物馆藏

铜布币

::战国

::通长6.3厘米::通宽3.9厘米::厚0.2厘米

::捐赠

::绵竹市博物馆藏

铜布币

::战国

::通长6.4厘米::通宽3.6厘米::厚0.2厘米

::捐赠

::绵竹市博物馆藏

铜蚁鼻钱

::战国
::通长2厘米::通宽1.[illegible]厘米::厚0.1厘米
::捐赠
::绵竹市博物馆藏

桥形铜饰（一组两件）

::战国
::通长11厘米::通宽1.7厘米::厚0.1厘米
::旧藏
::绵竹市博物馆藏

铜刀币

:: 战国

:: 通长18.2厘米 :: 通宽2.8厘米 :: 厚0.3厘米

:: 捐赠

:: 绵竹市博物馆藏

铜刀币

:: 战国

:: 通长29厘米 :: 通宽18.2厘米 :: 厚0.1 厘米

:: 旧藏

:: 绵竹市博物馆藏

兽面纹铜削刀

::战国
::通长21.5厘米::通宽7.5厘米::厚0.3厘米
::四川绵竹清道乡金土村出土
::绵竹市博物馆藏

环首铜刀

::战国
::通长20.2厘米::通宽3.3厘米::厚0.5厘米
::四川绵竹清道乡金土村出土
::绵竹市博物馆藏

环首刀及其在巴蜀的分布

环首刀是北方地区的典型器物，商代晚期之后进入中原，不仅成为中原地区铜刀的主体，而且成为中原地区的传统文化因素。战国时期，环首刀在中原和南方荆楚之地普遍流行。蜀地环首刀的来源主要与秦、楚有关。战国早中期，巴蜀地区的环首刀主要由楚传入，秦次之。战国晚期至汉初，环首刀的流行主要由秦传入，楚次之。导致这一变化的正是公元前316年的秦并巴蜀。

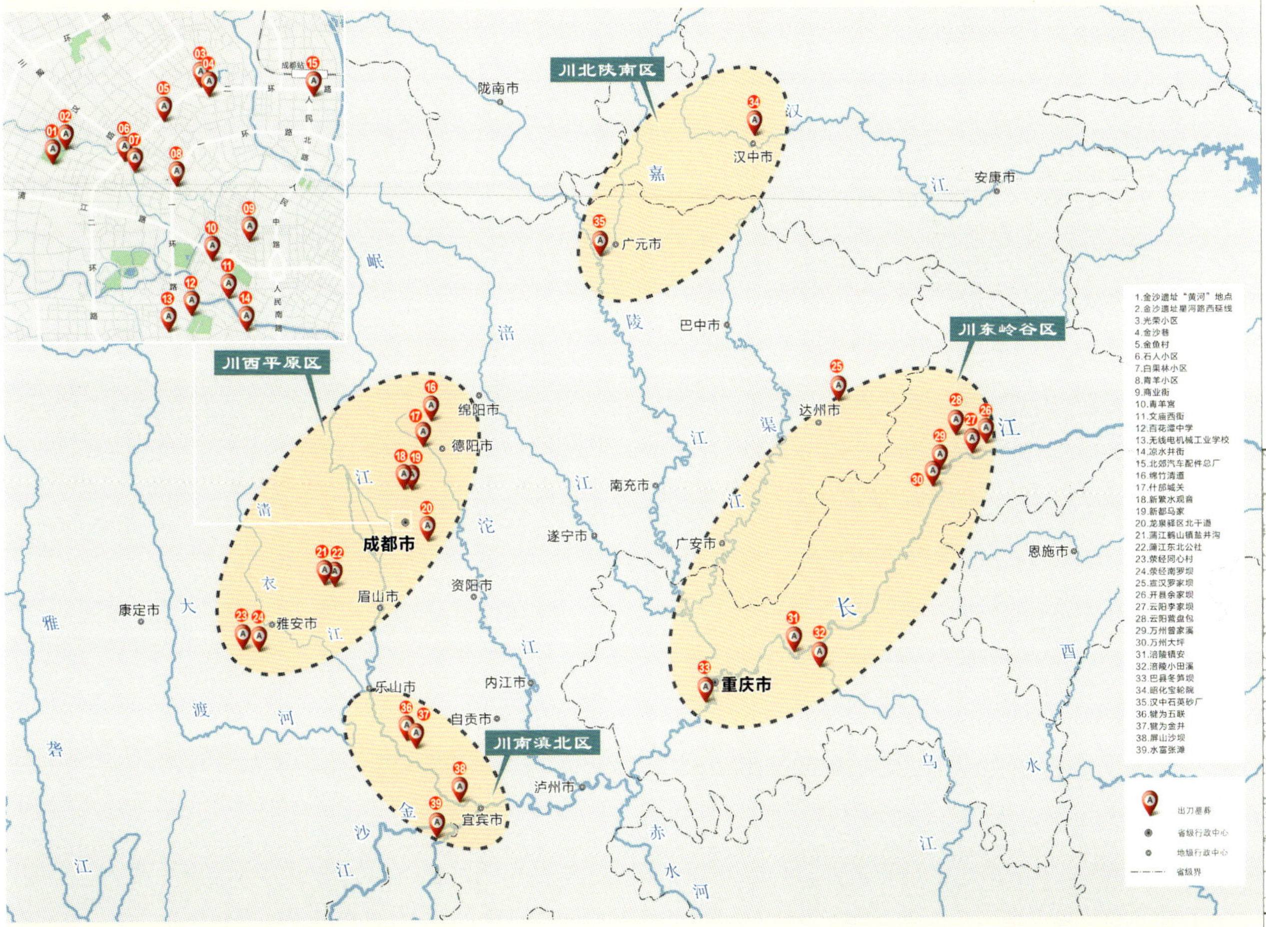

巴蜀文化墓葬出土铜刀分区示意图

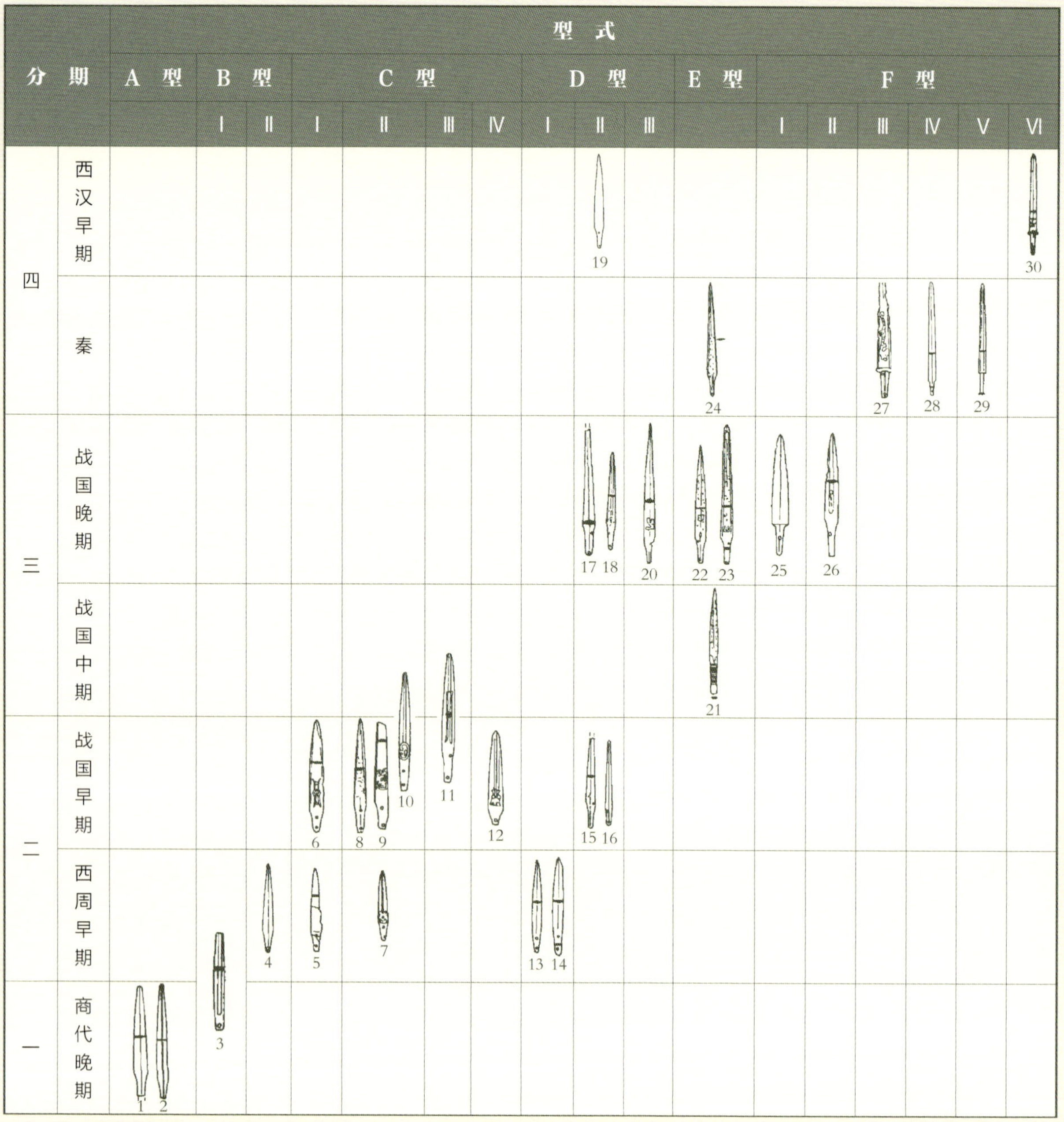

柳叶形剑分期图

1、2. 成都十二桥遗址 3. 三星堆1号坑 4. 竹园沟BZM8：13 5. 竹园沟BZM21：24 6. 成都西郊战国墓 7. 竹园沟BZM4：55 8. 成都京川饭店战国墓 9. 成都中医学院战国墓 10、11. 成都无线电机械工业学校 12. 成都枣子巷 13. 竹园沟BZM18：38 14. 长安张家坡 15. 成都西郊战国墓 16. 成都百花潭中学10号墓 17. 荥经同心村 18. 绵竹船棺葬 19. 绵竹西汉木板墓 20. 荥经同心村 21. 新都战国木椁墓 22. 大邑五龙 23. 昭化宝轮院 24. 巴县冬笋坝M50：11 25、26. 成都金牛区战国墓 27. 大邑五龙秦代墓 28. 昭化宝轮院M15：3 29. 巴县冬笋坝M49：9 30. 巴县冬笋坝M56：9

巴蜀文化的典型代表柳叶形剑

柳叶形剑是巴蜀文化中具代表性的器物之一。尽管巴蜀文化在不同时期都不同程度地受到外来文化的影响，尤其是中原文化和楚文化的影响，但柳叶形剑从未受到过外来文化的冲击，一直保持着其最基本的形制。直到秦并巴蜀以后，才逐渐受到中原式剑的影响，出现了改装式。从秦统一到汉初，柳叶形剑逐渐被淘汰。值得一提的是，柳叶形剑对周围文化未产生过大的影响，甚至在与巴蜀文化关系密切的石棺葬文化中也少有发现。

彭州窖藏青铜器

彭州距离成都市区西北约35千米，位于岷山支脉龙门山的东麓，其南为成都平原，西为高山，是成都平原北向的交通门户和枢纽。1991年冬天，彭州致和镇红瓦村一个砖厂的工地上，出土了一批战国时期的窖藏兵器，包括戈、矛、钺等共计30多件，许多兵器上铸有巴蜀符号。这些兵器经历2000多年依然光亮如新，凌厉兵锋灿然可见，展现了战国时期蜀地青铜文明的璀璨。

银斑纹铜戈

:: 战国
:: 通长27厘米 :: 宽13.8厘米
:: 四川彭州致和镇红瓦村青铜器窖藏出土
:: 彭州市文物保护管理所藏

虎纹铜戈

:: 战国
:: 通长22.5厘米 :: 宽9.3厘米
:: 四川彭州致和镇红瓦村青铜器窖藏出土
:: 彭州市文物保护管理所藏

铜钺

::战国

::长19.3厘米::銎径4.7（短）~5（长）厘米::宽4.6厘米

::四川彭州致和镇红瓦村青铜器窖藏出土

::彭州市文物保护管理所藏

铜戈

::战国

::通长24厘米::胡长14.5厘米::内长6.6厘米

::四川彭州致和镇红瓦村青铜器窖藏出土

::彭州市文物保护管理所藏

竹节纹铜矛

::战国

::通长34.7厘米::銎径3厘米::叶宽3.8厘米

::四川彭州敦和镇红瓦村青铜器窖藏出土

::彭州市文物保护管理所藏

手心纹虎纹铜矛

:: 战国

:: 通长30.7厘米 :: 銎径3.2厘米

:: 四川彭州致和镇红瓦村青铜器窖藏出土

:: 彭州市文物保护管理所藏

青铜兵器上的虎图形

虎的形象在不同地域和不同民族、氏族或部落的文化中曾广泛使用。在其发展早期，作为崇拜对象的虎，本身有却敌、逐怪、食鬼、辟邪等功能，虎图形的出现可能就是人们为了得到虎的威力而创造的。从考古材料看，虎图形基本出现在兵器上，虎图形兵器的多寡和精美程度又同墓主的身份、地位有关系。例如，四川荥经同心村合葬墓的男性墓中出土了大量青铜兵器，其主要纹样就是虎图形，说明墓主是军事集团的统治者。巴蜀地区兵器上使用虎图形的兴盛期是在战国中晚期，秦并巴蜀后就逐渐衰亡了，只在戍守边疆的巴人族群中还有所保留。这可能是巴蜀地区信仰变化造成的结果。秦并巴蜀后，巴蜀文化逐渐被纳入中华文明的系统之中，因军事需要，人们对虎的崇拜也逐渐随着社会的稳定和王朝的建立渐渐淡化了。

虎头纹铜戈（宝兴县文管所藏）

四川其他地区的战国秦汉蜀墓

除了什邡、荥经、绵竹、彭州地区相对集中地分布有战国秦汉蜀墓外，在四川成都、广元、绵阳、乐山、宜宾、蒲江、大邑等地区也有战国秦汉时期的蜀文化墓葬出土。虽然这些墓葬的蜀文化特色明显，但同时也明显地受到中原文化和楚文化的影响。

虎纹铜矛

::战国

::通长24.2厘米::柄长6.4厘米::刃宽3.1厘米

::1977年2月17日收集

::广元石窟研究所（皇泽寺博物馆）藏

铜戈

:: 战国

:: 通长25.7厘米 :: 内长9.7厘米 :: 宽3.5厘米 :: 厚0.4厘米

:: 四川广元东坝机砖厂出土

:: 广元石窟研究所（皇泽寺博物馆）藏

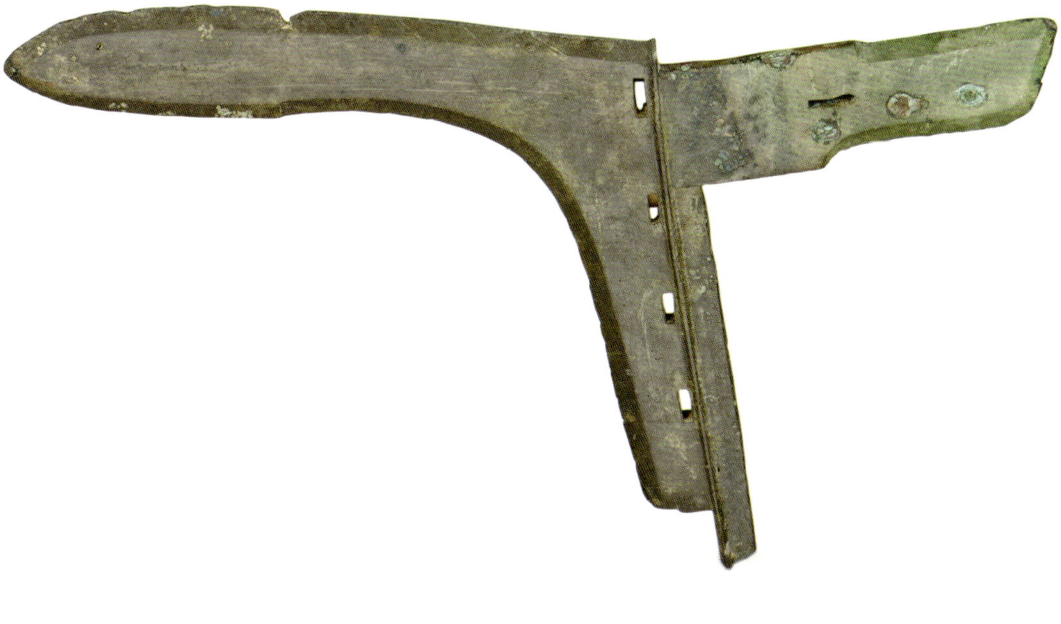

铺首衔环铜钫

:: 战国

:: 高35厘米 :: 口宽11.4厘米 :: 足宽13厘米 :: 腹宽29.5厘米

:: 四川广元东南陈家壕九组机砖厂出土

:: 广元石窟研究所（皇泽寺博物馆）藏

铜矛

:: 战国
:: 长23厘米 :: 宽3厘米 :: 高2.3厘米
:: 1978年调拨于四川省博物馆
:: 乐山市博物馆藏

虎纹铜戈

:: 战国
:: 长20.4厘米 :: 宽11厘米 :: 高0.9厘米
:: 1978年调拨于四川省博物馆
:: 乐山市博物馆藏

铜钺

:: 战国
:: 长14.5厘米 :: 宽7厘米 :: 高3.2厘米
:: 1978年调拨于四川省博物馆
:: 乐山市博物馆藏

铜戈

:: 战国
:: 长21厘米 :: 宽11厘米 :: 高0.5厘米
:: 1978年调拨于四川省博物馆
:: 乐山市博物馆藏

铜剑

∷战国晚期至秦代

∷长65厘米∷宽5厘米

∷四川屏山沙坝墓地出土

∷宜宾市博物院藏

铜半两钱

:: 秦代

:: 直径3.2厘米

:: 四川屏山叫化岩遗址出土

:: 宜宾市博物院藏

『云子思士』铜印章

:: 战国末期至秦代

:: 边长1.1厘米

:: 四川屏山沙坝墓地出土

:: 宜宾市博物院藏

◎『云子思士』即忠信仁义、思得贤士之义。这样的印章应该为君王和执政官员所用，以教化臣民要忠于自己的君王。

『敬事思言』铜印章

:: 战国末期至秦代

:: 边长2厘米

:: 四川屏山沙坝墓地出土

:: 宜宾市博物院藏

秦代吉语印

早在春秋战国时期，吉语印已成为流行佩饰。《汉旧仪》有言：“秦以前民皆佩绶，以金、玉、银、铜、犀、象为方寸玺，各服所好。”秦始皇统一六国后，对官印的制作、颁发和使用也有了专门的管理机构。秦代吉语印所选择的内容带有统治阶级的意愿，即使是出自民间作坊或刻工之手，对印章的规格、材质、印文内容也有一定的审查和要求。吉语印的内容多为吉祥、规诫之类词义，佩于身上，或规范自己的行为，意在或表示对君主朋友的忠信。

“云子思士”铜印章

“忠仁思士”铜印章拓片

“相思得志”铜印章拓片

“僰道”宜宾

◎宜宾位于川、渝、滇、黔接合部，金沙江与岷江在此合流汇入长江，有“万里长江第一城”之称。商周时期，宜宾的僰人与巴、蜀先民相邻而居，深受巴蜀文化的影响。秦并巴蜀后，在宜宾置僰道，加强对周边地区少数民族的管辖。此后，宜宾历代皆为郡县治地，是中央王朝开发和经略西南的桥头堡，是南方丝绸之路的枢纽，成为中华文明体系的一员。

铜戈

:: 战国

:: 全长26.1厘米 :: 援长15.9厘米 :: 宽3.5厘米

:: 胡长14.2厘米 :: 阑长15.9厘米 :: 内长10厘米 :: 宽3厘米

:: 四川绵阳高新区茅针寺村M1出土

:: 绵阳市博物馆藏

◎ 内正面有铭文：『三年，相邦吕不韦造，寺工詟，丞义，工成。』背面有铭文『寺工』。

铜戈

:: 战国
:: 长21.7厘米 :: 宽9.8厘米 :: 重550克
:: 四川绵阳涪江沿岸出土
:: 绵阳市博物馆藏

铜矛

∷战国
∷长16.3厘米∷重95克
∷四川绵阳涪江沿岸出土
∷绵阳市博物馆藏

铜剑

::战国
::长38.5厘米::宽4.7厘米::重420克
::四川绵阳涪江沿岸出土
::绵阳市博物馆藏

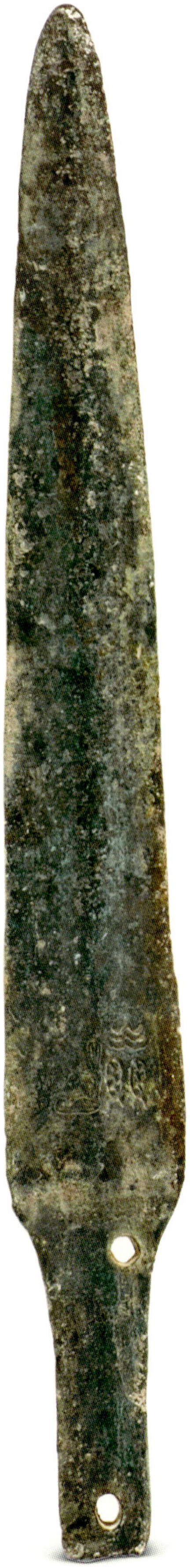

铜钺

∷战国

∷长16.5厘米∷宽7.9厘米∷重1005克

∷四川绵阳涪江沿岸出土

∷绵阳市博物馆藏

玉剑璏（zhì）

:: 战国

:: 长6.6厘米 :: 宽3.7厘米 :: 厚1.4厘米 :: 重56.49克

:: 四川绵阳东方绝缘材料厂出土

:: 绵阳市博物馆藏

消失还是融入：
蜀文化去往何处

Disappearance or Integration:
Where did the Shu Culture Go

成都平原由秦统一前的大后方，变为大一统政治下的地方郡县，在空间上归入秦帝国的版图，在文化上也从独具特色的蜀文化纳入了中华文明的整体发展进程之中。那么，数千年前特立独行的蜀文化还存在吗？汇集了开拓进取、求实包容民族精神的大秦帝国，对于由不同地区、不同民族凝聚的文化，是兼容了，还是消解了？

羊子山 172 号墓：蜀文化对楚文化的吸纳与包容

羊子山土台位于四川成都驷马桥附近，是商末周初时期古蜀人的祭祀台，战国末期被废后变成墓葬区。1953 年，前西南博物院在羊子山发现 200 多座墓葬，其中的 172 号墓为战国晚期秦并巴蜀之后的墓葬。该墓出土了许多极具地方特色的器物，如灰陶圜底罐、青铜釜甑、巴蜀符号印章等。同时，还出土了一些与楚式青铜器相似的器物；墓中使用白膏泥防潮的做法，也与楚墓相同。这些反映了战国晚期秦并巴蜀后迁徙楚人至巴蜀定居的史实。羊子山 172 号墓中多元文化因素并存的情况，说明了这一时期蜀地不同文化间的互相影响与融合。

随着统一战争的推进，晚期蜀文化对外来文化兼容并蓄的态度，也在客观上形成了一种面向中原的向心力。

铜釜
:: 战国
:: 最宽（带把手）17厘米 :: 腹胫15厘米
:: 高（连盖）15厘米 :: 盖子直径10厘米
:: 四川成都羊子山172号墓出土
:: 四川博物院藏

铜盘
:: 战国
:: 直径41厘米 :: 高4厘米
:: 四川成都羊子山172号墓出土
:: 四川博物院藏

铜觥（gōng）

:: 战国

:: 长35厘米 :: 宽30.5厘米 :: 高11厘米

:: 四川成都羊子山172号墓出土

:: 四川博物院藏

蟠螭纹铜镜

:: 战国

:: 直径14.7厘米 :: 高0.4厘米

:: 四川成都羊子山126号战国土坑墓出土

:: 四川博物院藏

铜戈

::战国晚期至秦代
::援长15厘米::胡长10厘米::内长7厘米::内宽3厘米
::1995年四川新都县文化馆拨交
::杨升庵博物馆藏

『五十二年』铜戈

:: 战国晚期

:: 通长25.8厘米 :: 援长16厘米 :: 援宽2.7～3厘米

:: 胡长14厘米 :: 阑长15.6厘米

:: 内长10.1厘米 :: 内宽3～3.4厘米

:: 湖北荆州鸡公山M249出土

:: 荆州博物馆藏

『郧中』铜戈镦

:: 战国晚期

:: 长9厘米

:: 湖北荆州鸡公山M249出土

:: 荆州博物馆藏

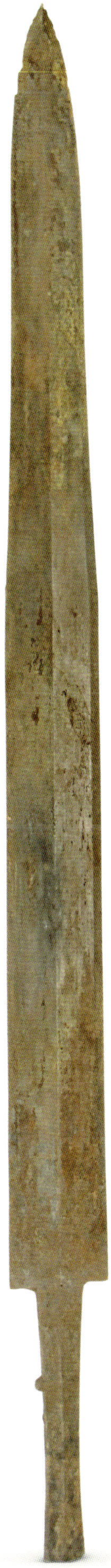

『十四年少府』铜铍

∷不早于公元前233年

∷柄长10.6厘米∷身最宽4.1厘米∷通长61.3厘米

∷湖北荆州严家台M6出土

∷荆州博物馆藏

『十九年』铍

∷秦代

∷通长35.4厘米∷铍身长24.2厘米

∷陕西西安临潼区秦俑1号坑出土

∷秦始皇帝陵博物院藏

◎铍身有铭文『十九年寺工邦工目』。铍格有铭文『寺工』。铍茎一面有铭文『子』，另一面有铭文『六二』。

猪形漆盒

:: 战国末期
:: 长42厘米 :: 宽12.5厘米 :: 高15.2厘米
:: 湖北荆州黄山村617号墓出土
:: 荆州博物馆藏

四叶纹铜镜

∷秦代末期

∷直径16.3厘米∷厚0.1厘米

∷湖北荆州沙市区周家台M30出土

∷荆州博物馆藏

鸟纹漆盂

∷秦代

∷口径29厘米∷高7.5厘米

∷湖北荆州岳桥印台101号墓出土

∷荆州博物馆藏

茂县石棺墓：多元文化交融的产物

茂县是四川省阿坝藏族羌族自治州下辖县，位于四川省西北部、阿坝藏族羌族自治州东南部的青藏高原东南边缘，在平原与高原的过渡地带。这里自古就是岷江南北通道的重要联结点，是联结黄河流域与长江流域的重要文化走廊。复杂的地理环境为当地复杂的文化面貌提供了天然条件。

5000年前，已有先民在此耕耘稼穑、制器生息。以营盘山遗址为代表的遗存是岷江上游地区的一种以本土文化因素为主体，同时吸收了多种外来文化因素的地方文化类型。商周时期，早期蜀文化因素开始出现在岷江上游，战国时期这种情形尤为突出。到了战国晚期，巴蜀文化因素大量出现于岷江上游的石棺葬。位于茂县的以石棺葬为特点的战国牟托1号墓就是当地巴蜀文化与外界多种文化交流的结果。这对认识长江上游与黄河上游地区之间的文化交流与传播，以及古蜀文明的渊源问题，都提供了借鉴。

营盘山遗址远眺

石棺葬

◎石棺葬是分布于中国东北、华北、西北和西南广大地区的一种独特的墓葬形式，时间跨度上起新石器时代晚期，下至秦汉乃至更晚。石棺葬最早出现在辽西红山文化和西北黄河上游的马家窑文化，其各自独立起源且在当地属非主流葬俗。商周之际，典型石棺葬出现在川西北的岷江上游地区，很快便在这里流行。石棺葬大多分布在海拔较高的河谷山地，普遍随葬一种造型特殊的双大耳罐。随葬铜器以武器、工具和小件装饰器为主，器型显露出浓郁的北方草原特色。四川茂县营盘山遗址是一处规模宏大、分布密集、延续时间长的石棺葬墓地。根据已发掘单位面积内石棺葬的排列密度推算，营盘山遗址15万平方米范围内分布的石棺葬总数可达数万座。关于岷江上游石棺葬的文化属性，目前有多种说法。一是“西北文化南下说”，即认为岷江上游的石棺葬文化是西北草原文化南下的一支；二是“土著文化说”，即认为岷江上游的石棺葬文化是独立发展的土著文化；三是以蜀文化为主体的“复合型文化说”，即认为岷江上游的石棺葬除了受到西北甘青文化的影响外，还受到蜀文化、滇文化、楚文化的影响。

单耳陶杯

:: 战国
:: 高6.7厘米 :: 口径10.6厘米
:: 腹径10厘米 :: 耳宽2.1厘米 :: 底径4.2厘米
:: 四川茂县营盘山遗址出土
:: 茂县羌族博物馆藏

尖底陶罐

:: 西汉
:: 高9.8厘米 :: 口径7.2厘米 :: 腹径10.7厘米
:: 四川茂县营盘山石棺墓出土
:: 茂县羌族博物馆藏

双耳陶罐

:: 西汉
:: 高25厘米 :: 口径13.8厘米
:: 腹径19.8厘米 :: 耳宽4厘米 :: 底径10.4厘米
:: 四川茂县别立村出土
:: 茂县羌族博物馆藏

陶杯

∷汉代

∷高2.5厘米∷口径6.7厘米∷底径3厘米

∷四川茂县营盘山石棺墓出土

∷茂县羌族博物馆藏

陶罐

:: 汉代
:: 高9.5厘米 :: 口径5.4厘米 :: 腹径7.1厘米 :: 底径3.9厘米
:: 四川茂县营盘山石棺墓出土
:: 茂县羌族博物馆藏

牟托 1 号石棺墓

目前，牟托石棺墓地仅 1 号墓和 1 号坑经过正式的考古发掘。1 号墓为竖穴土坑墓，墓穴依山而建。石棺用大石板砌成，石板由足至头成阶梯状依次盖压。棺内头端用三块薄石板隔出高、中、低三层头箱，棺内放置一块中部凿孔的长方形杉木板，木板上未发现尸骨痕迹。墓葬及器物坑共出土陶器、青铜器、铜铁制品、玉石器（含玛瑙器、琉璃器）、竹木器等 250 件，根据用途可分为兵器、礼器、装饰品及其他。铜铁制器仅见兵器，玉石器有礼器，也有实用器。墓中出土器物数量、种类繁多，蕴含文化因素多元、复杂。虽以本土文化因素为主，但同时融合了中原文化因素、巴蜀文化因素、北方草原文化因素、楚文化因素和滇文化因素。

牟托 1 号石棺墓是我国石棺葬分布区域中随葬品最为丰富、结构最为复杂、墓葬等级最高的一座墓葬。墓主人可能是当时茂汶地区的地方首领。

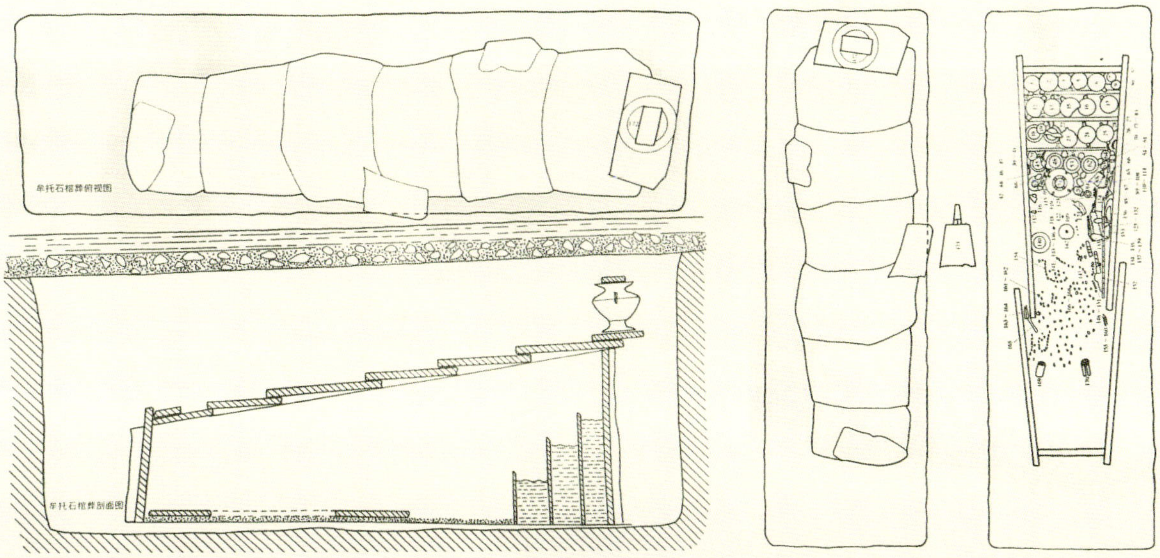

牟托 1 号石棺墓平面、剖面、俯视图

兵器

牟托石棺墓出土的兵器多饰有巴蜀文化因素中常见的虎、鸟、蛇等动物纹样，属于典型的巴蜀兵器。其中1号墓出土有大量青铜兵器，说明这座墓葬的主人曾拥有当时茂汶地区的军事领导权。

单鞘铜剑

:: 战国

:: 剑长32.6厘米 :: 鞘长20.2厘米

:: 剑宽3.9厘米 :: 鞘宽8.8厘米 :: 鞘厚0.8厘米

:: 四川茂县牟托石棺墓出土

:: 茂县羌族博物馆藏

蜥蜴纹铜戈

:: 战国
:: 长21.6厘米 :: 宽10.5厘米 :: 厚0.7厘米
:: 四川茂县牟托石棺墓出土
:: 茂县羌族博物馆藏

人头像纹铜矛

::战国
::长16.1厘米::叶宽2.7厘米::銎径2.5厘米
::四川茂县牟托石棺墓出土
::茂县羌族博物馆藏

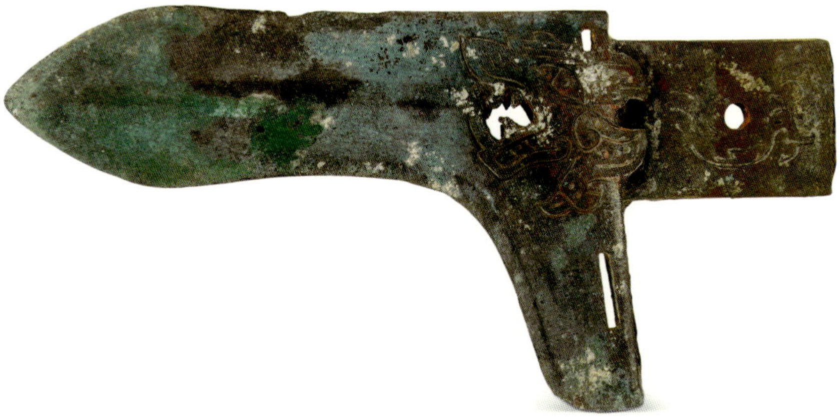

虎纹铜戈

::战国
::通长23.9厘米::阑长11.3厘米::内长6.5厘米
::内宽4.6厘米::厚0.3厘米
::四川茂县牟托石棺墓出土
::茂县羌族博物馆藏

夔龙纹铜剑

:: 战国

:: 长25.6厘米 :: 宽3.2厘米 :: 厚0.5厘米

:: 四川茂县牟托石棺墓出土

:: 茂县羌族博物馆藏

宽首铜剑

:: 战国
:: 长38.6厘米 :: 首宽9.5厘米 :: 柄厚3.2厘米
:: 四川茂县牟托石棺墓出土
:: 茂县羌族博物馆藏

饕餮纹铜戈

::战国

::通长25.6厘米::宽11.4厘米::厚0.7厘米

::四川茂县牟托石棺墓出土

::茂县羌族博物馆藏

双鞘铜剑

∷战国
∷剑长32厘米∷剑宽3.7厘米∷鞘长24.4厘米∷鞘宽12.2厘米
∷四川茂县牟托石棺墓出土
∷茂县羌族博物馆藏

铜钺

∷战国
∷长16.1厘米∷宽8.5厘米∷銎径5.1厘米
∷四川茂县牟托石棺墓出土
∷茂县羌族博物馆藏

战国兽面纹铜戈

:: 战国

:: 长27.5厘米 :: 宽8.3厘米 :: 厚0.9厘米

:: 四川茂县牟托石棺墓出土

:: 茂县羌族博物馆藏

礼器

牟托1号石棺墓及器物坑中出土的青铜容器有烹煮类、盛食类和酒水器类等。这些器物，有的可能是以交流、贸易或战争的方式获得的，有的则应该是本地自行模仿中原或江汉地区生产的。牟托墓中的铜质容器，既有与中原文化尤其是楚文化相似的一面，也有体现强烈地方特色的一面。这说明，牟托1号石棺墓的主人在模仿中原地区礼仪制度的同时，仍然保留了强烈的自身文化特点，反映了当时茂县羌族地区与外界的文化交流。

“与子共”鼎及其线图

此器上有铭文“惟八月初吉丁亥与子共（？）自乍繁鼎其眉寿无疆/子孙永宝用之”。大意是说：在八月初的丁亥那天，与子做了这件鼎，祝愿自己长寿，并希望这件鼎能子子孙孙传下去。根据铭文，或许可以认为，岷江上游石棺葬民族在先秦时期曾建立过一个古国，这个古国与中原王朝有过交往，得到过赐封。

牛首铜罍

:: 西周中晚期

:: 高42.7厘米 :: 口径21.7厘米 :: 腹径37.1厘米 :: 底径25.3厘米

:: 四川茂县牟托石棺墓出土

:: 茂县羌族博物馆藏

铜敦形器

:: 战国
:: 高20.2厘米 :: 口径21.4厘米
:: 四川茂县牟托石棺墓出土
:: 茂县羌族博物馆藏

铜杯

::战国

::高15.9厘米::口径7.2厘米::底径4.5厘米

::四川茂县牟托石棺墓出土

::茂县羌族博物馆藏

铜盾饰

:: 战国
:: 高3厘米 :: 直径25.5厘米
:: 四川茂县牟托石棺墓出土
:: 茂县羌族博物馆藏

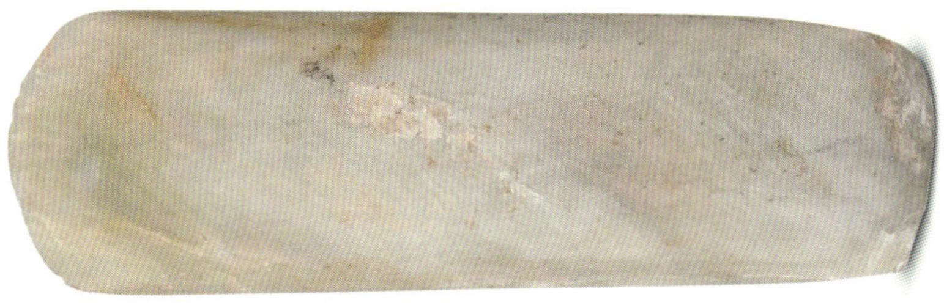

玉斧

:: 战国

:: 长13.7厘米 :: 宽4.5厘米 :: 厚1.6厘米

:: 四川茂县牟托石棺墓出土

:: 茂县羌族博物馆藏

玉凿

:: 战国

:: 长7厘米 :: 宽1.4厘米 :: 厚1厘米

:: 四川茂县牟托石棺墓出土

:: 茂县羌族博物馆藏

铜鍪

:: 汉代

:: 高11.5厘米 :: 口径10厘米 :: 腹径13.4厘米

:: 四川茂县出土

:: 茂县羌族博物馆藏

铜车轮

::汉代
::高3.6厘米::宽5.2厘米
::移交
::茂县羌族博物馆藏

铜车轮

::汉代
::直径25.5厘米::车轴宽4.8厘米
::四川茂县别立村石棺葬出土
::茂县羌族博物馆藏

动物纹铜牌饰

:: 战国

:: 高13.5厘米 :: 宽12.7厘米 :: 宽0.3厘米

:: 四川茂县牟托石棺墓出土

:: 茂县羌族博物馆藏

◎ 这件动物纹牌饰的主体纹饰风格具有明显的北方草原文化特色。同类器物在辽宁宁城山根墓葬中也有出土，在川、滇西部也发现有此种动物纹样。这种动物纹样的出现，可能是受斯基泰文化的影响。

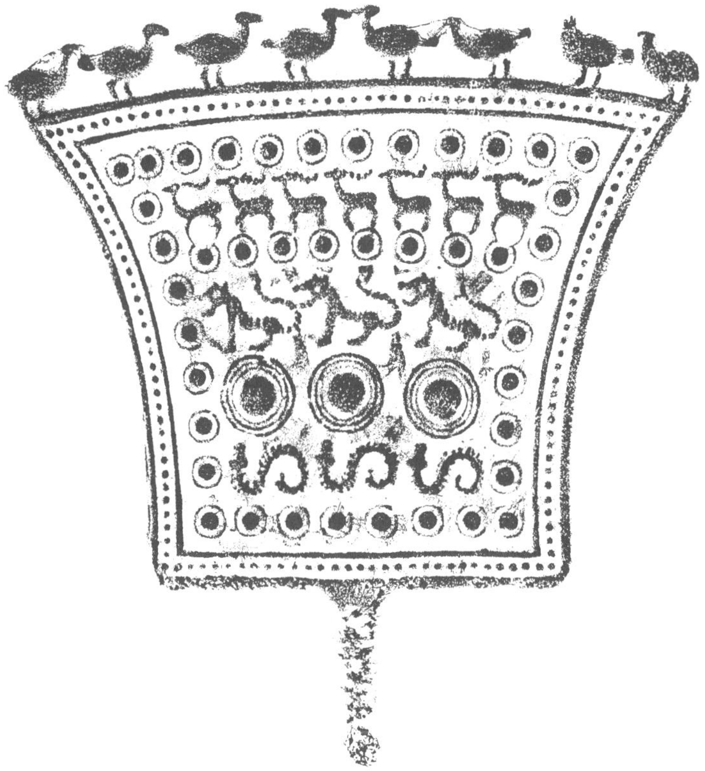

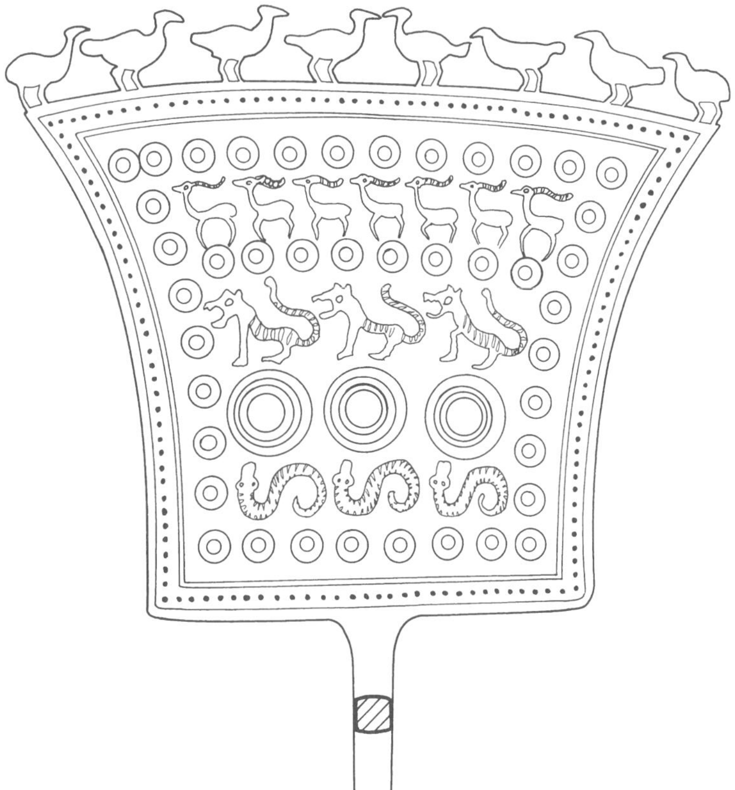

乐器

牟托1号石棺墓中的青铜乐器是当地自产的，形制模仿长江中游地区同时期的器物类型。但在同时期的成都平原与川东地区，目前尚未发现类似的镈钟出土。

龙纹铜镈钟

:: 战国

:: 高26.3厘米 :: 鼓壁厚0.4厘米 :: 钮高5.7厘米

:: 于部长20.5厘米 :: 舞长8.6厘米 :: 宽5.2厘米

:: 四川茂县牟托石棺墓出土

:: 茂县羌族博物馆藏

铜镈钟

∷战国

∷高51.5厘米∷宽23.7厘米

∷四川茂县牟托石棺墓出土

∷茂县羌族博物馆藏

载魂之舟：驶向更远的地方

作为载魂之舟，船棺承载了蜀地先民渔猎稼穑的勤勉与俎豆馨香的日常，承载了蜀人一以贯之的生活情趣和审美追求。那么，当蜀国成为蜀郡，蜀人邂逅了秦人之后，满载蜀人情怀的船棺又驶向何方？强势的秦文化和绮丽的楚文化，是否会润物细无声地浸润其中呢？

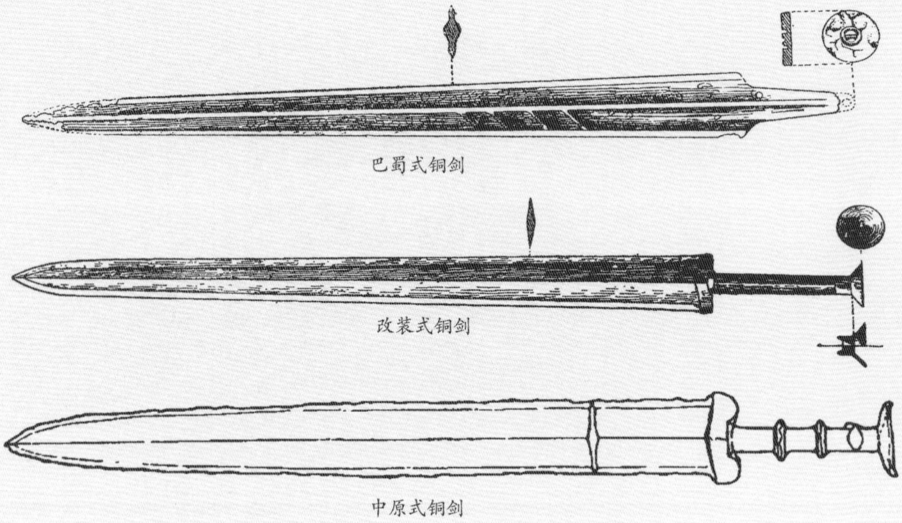

广元战国时期船棺葬出土铜剑主要样式

楚式铜剑

（战国时期，四川广元宝轮镇征集）

宝轮船棺葬位于四川广元昭化区宝轮镇，其时代自秦并巴蜀以后一直延续到秦、西汉初年。经过三次抢救性发掘，考古工作者在这里共清理出墓葬26座，出土文物460余件，以铜器、陶器为主。船棺作为古代巴蜀人盛行的丧葬习俗，在战国晚期与中原文化产生交融，随葬器物的器型、纹饰随之发生了变化。

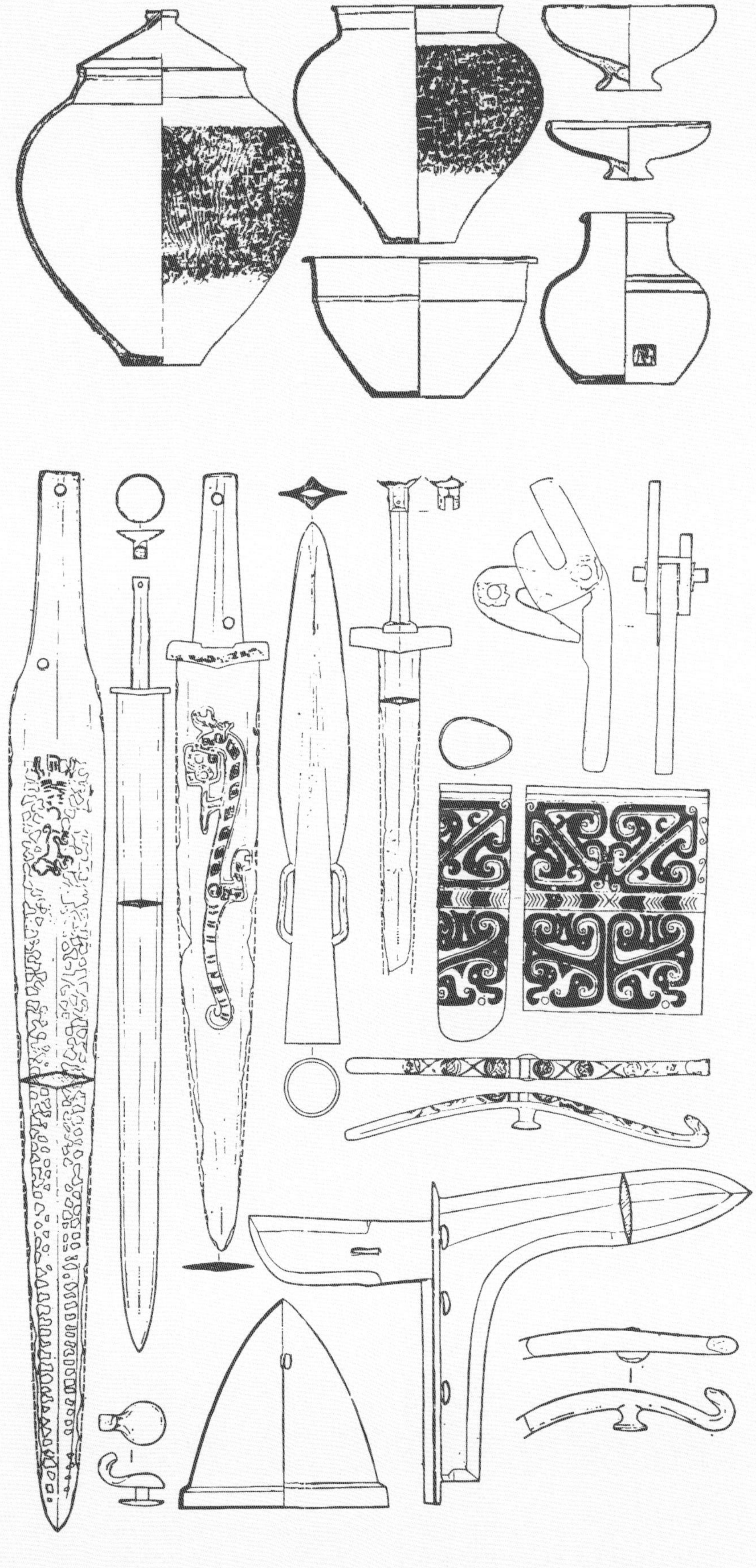

四川大邑五龙乡秦代蜀人墓出土的器物线图

大邑五龙乡秦代墓位于成都平原西部，其中18号、19号墓为秦代的蜀人墓。两墓均为长方形竖穴土坑墓，未发现葬具，墓底和四壁均涂抹青膏泥。随葬大口瓮，与成都商业街船棺葬早期船棺、独木棺合葬中的陶瓮形制相近；瓮中发现粮食炭化颗粒和果核，说明其是用于储存粮食的日用器皿。18号、19号墓集中反映了秦代蜀人墓葬文化面貌的多样性和复杂性，既有占主导地位的蜀文化因素，又广泛吸收了当时相关文化的因素。

蜀地秦人墓的走向

秦之移民对于秦并巴蜀后蜀地局势的稳定起了重大作用，不仅便于秦政治、经济制度在蜀地的推行，而且使蜀地居民在生产生活和风俗习惯等方面，都受到了先进秦文化的影响。同时，开放、包容的蜀文化也对秦之移民产生了影响。四川盆地的秦人移民墓，虽然其中的秦文化因素明显，但也融合了巴蜀文化和楚文化因素。战国晚期，秦人移民墓在四川盆地北部、西南部和成都平原都有分布。到了秦代，秦人移民墓仅在成都平原有少量发现，分布数量和范围呈现明显的收缩态势。这说明，秦统一六国后，秦先进的政治体制和生产方式已早为蜀人所接受。

秦国与秦代蜀地秦人墓分布比较

时　间	墓　葬	位　置
秦国（战国中期以后）蜀地秦人墓	四川青川郝家坪墓地	四川青川
	四川成都龙泉驿战国晚期12号、18 号、19号墓葬	四川成都龙泉北干道
	四川荥经曾家沟墓地	四川荥经曾家沟
秦代蜀地秦人墓	四川成都龙泉驿24号、31号、34 号墓葬	四川成都龙泉北干道
	四川成都东林四组墓地	四川成都成华区东林四组

成都龙泉驿秦人墓群

成都龙泉驿秦人墓群的12号、18号、19号墓葬中，秦文化因素占据主导地位，是秦国蜀地秦人墓；24号、31号、34号是秦代蜀地秦人墓，具有典型的秦墓特征，但同时也包含有蜀、楚等文化因素，面貌复杂。成都龙泉驿秦人墓群的时代由战国至秦代，从其演变可知，秦人移民不仅影响着蜀地文化，自身也部分地接受了蜀、楚文化。

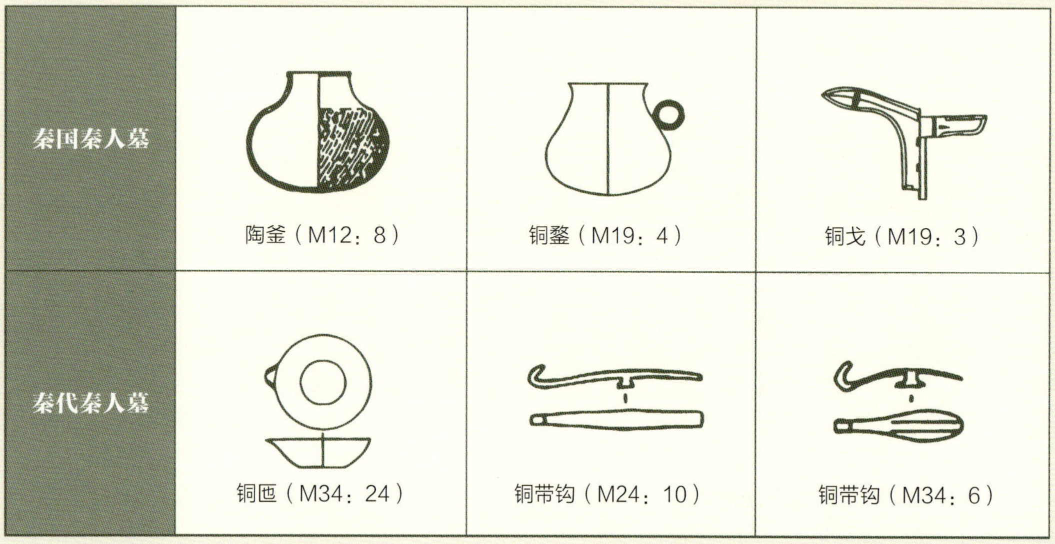

成都龙泉驿秦人墓群出土器物举例

闭而不塞的蜀地

蜀地虽处盆地之中而“四塞”，然“栈道千里，无所不通”，这里在先秦时期就已经成为西南贸易的必经之地。通航便利的众多河流，使这里成为通往长江中下游的交通大动脉。岷江至长江的航路，横贯蜀中，沱江、嘉陵江联系蜀地南北。蜀西岷江河谷与川西北高原沟通，岷江支流南河抵达临邛、青衣（今四川芦山），入西夷各地。秦巴山脉及横断山脉中的各条河谷，成为巴蜀先民走南闯北的交通要道，使他们北与中原长久往来，南与西南各族保持着密切联系。从三星堆文化到十二桥文化再到战国时期的蜀文化，它们一直与周边文化保持交往并相互影响。

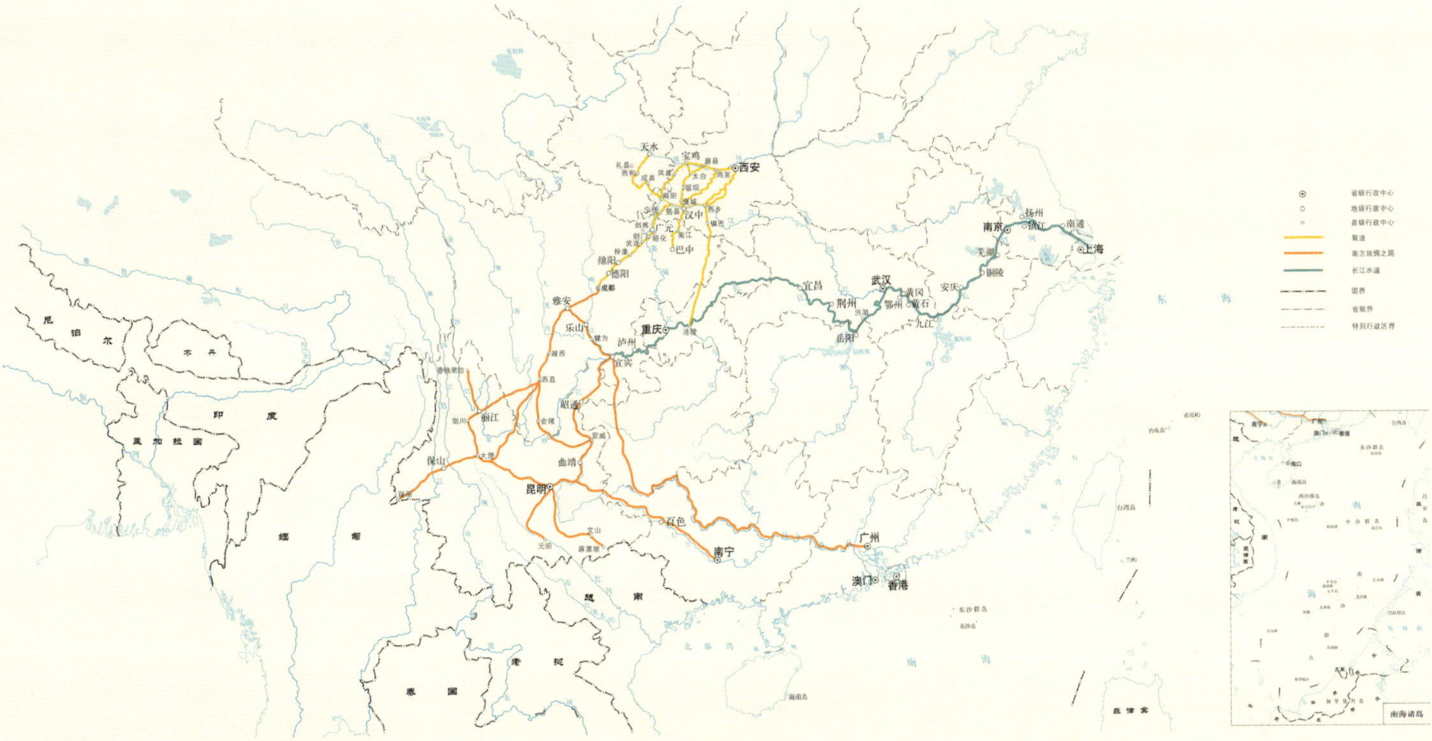

南方丝绸之路、蜀道及长江航道图

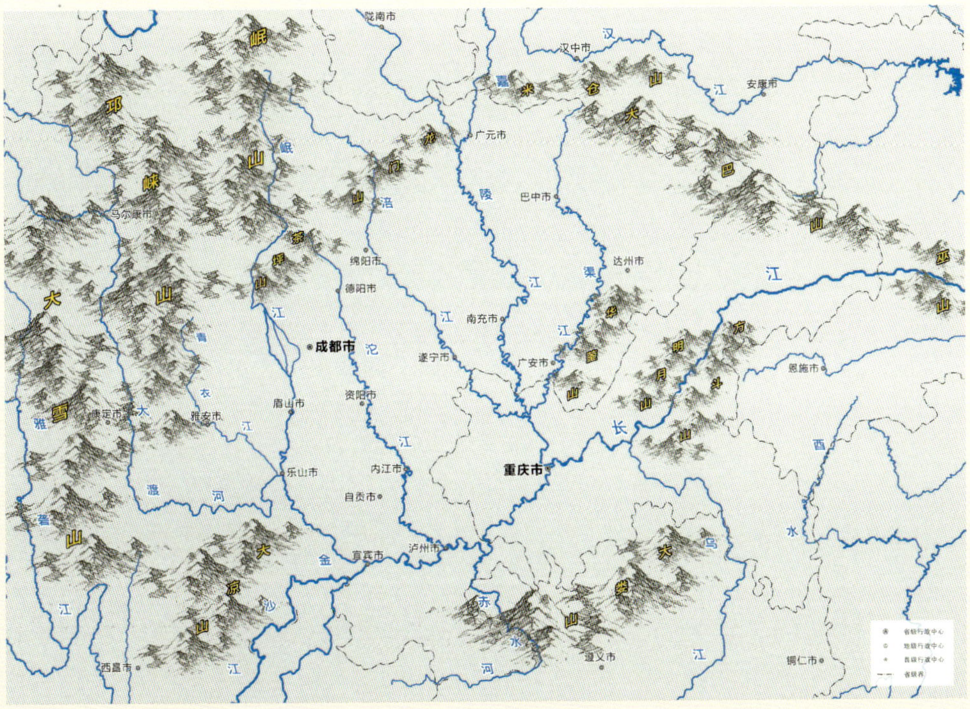

四川盆地的主要山脉及河流

从蜀经云南、贵州出外域的国际交通线，学术界称为南方丝绸之路，其雏形在商代就已经形成；联通四川盆地与我国北方地区的褒斜道、陈仓道（故道）和金牛道，在先秦时期便已开通；蜀地东面的长江水道，在新石器时代晚期已成为沟通四川盆地与长江流域及其他地区的交通大动脉。南方丝绸之路的起点为成都，向南分为东、中、西三条主线，西线是从成都到印度的蜀身毒道，中线是从成都到中南半岛的步头道和进桑道，东线是从成都经贵州、广西、广东到南海的夜郎道。蜀地的确闭而不塞。

The Destination of Civilization

Developing from the Baodun Culture, the Sanxingdui Culture, the Twelve Bridges Culture, to the late Shu Culture of the Eastern Zhou Dynasty, the ancient Shu civilization remained sealed but not impervious, with close contact maintained with the surrounding cultures to continuously absorb the nourishment of elements such as the Shang and Zhou Cultures, the Chu Culture, and the Qin Culture. The merging of the Qin state and the regions of Ba and Shu marked a new era in the development of the Shu Culture. With the long-term political, economic, and cultural presence in the Chengdu Plain by the Qin people, the unique Shu Culture gradually integrated with other cultural elements; at the same time, promoted by the powerful military expansion of the Qin state, she also kept extending to various outside regions. The continuously developing the Shu Culture which, like a trickle flowing into a surging river, grew through mutual learning and became unique and increasingly abundant, has gradually integrated herself into the system of the Chinese civilization.

In the era of globalization, facing the inevitable challenges and opportunities, all civilizations are constantly being transformed by others while taking in something from them. However, the destination of a diverse and integrated civilization is the same.

文明的归途

从宝墩文化、三星堆文化、十二桥文化，到东周时期的晚期蜀文化，古蜀文明闭而不塞，与周边文化保持着密切联系，不断汲取着商周文化、楚文化、秦文化等中原主流文化的养分。『秦并巴蜀』开启了蜀文化发展的新纪元。独具特色的蜀文化，不仅随着秦人对成都平原在政治、经济、文化领域的长期经略，而逐渐与其他文化元素相交融，同时也伴随着秦国的万乘之军不断向外扩展至各地。不断发展的蜀文化，经互鉴而成长，由独特而日渐丰盈，如汇入滔滔大河的涓涓细流，逐渐融入中华文明的系统之中。

在构建人类命运共同体的今天，所有的文明都会遇到挑战和机遇，也都会在吸纳他者的前提下，不断地被他者改变。然而，多元一体的文明归途却是一致的。

参考资料

著作

1.王巍:《中国考古学大辞典》,上海辞书出版社,2014年。

2.四川省博物馆:《四川船棺葬发掘报告》,文物出版社,1960年。

3.蒙文通:《巴蜀古史论述》,四川人民出版社,1981年。

4.[晋]常璩:《华阳国志校注》,刘琳校注,巴蜀书社,1984年。

5.冯汉骥:《冯汉骥考古学论文集》,文物出版社,1985年。

6.徐中舒:《巴蜀考古论文集》,文物出版社,1987年。

7.蒙默、刘琳、唐光沛等:《四川古代史稿》,四川人民出版社,1989年。

8.李绍明、林向、徐南洲:《巴蜀历史·民族·考古·文化》,巴蜀书社,1991年。

9.四川省文物考古研究所:《四川考古报告集》,文物出版社,1998年。

10.孙华:《四川盆地的青铜时代》,科学出版社,2000年。

11.毛曦:《先秦巴蜀城市史研究》,人民出版社,2008年。

12.成都金沙遗址博物馆、成都文物考古研究院:《考古成都——新世纪成都地区考古成果展》,四川人民出版社,2018年。

13.国家文物出境鉴定四川站、四川大学博物馆:《四川文物精品:青铜器》,巴蜀书社,2021年。

14.四川博物院、中创文保科技发展(北京)有限公司:《山高水长 长流天际——长江流域青铜文明特展》,东方出版社,2021年。

15.井中伟、王立新:《夏商周考古学》(第2版),科学出版社,2020年。

16.闫晓君:《秦法律文化新探》,西北大学出版社,2021年。

17.梁万斌:《帝国的形成与崩溃——秦疆域变迁史稿》,西北大学出版社,2021年。

18.段渝:《四川简史》,四川人民出版社,2019年。

19.中国社会科学院考古研究所:《中国考古学·秦汉卷》,中国社会科学出版社,2010年。

20.中国社会科学院考古研究所:《中国考古学·两周卷》,中国社会科学出版社,2004年。

21.刘瑞:《秦封泥集释》,上海古籍出版社,2021年。

22.四川省文物考古研究院:《什邡城关战国秦汉墓地》,文物出版社,2006年。

23.四川省文物考古研究所:《四川考古报告集》,文物出版社,1998年。

论文

1.郭胜强：《蜀与殷商关系刍论——从甲骨文记载谈起》，载《郑州大学学报(哲学社会科学版)》2004年第4期，第87—89页。

2.左志强、何锟宇、白铁勇：《略论成都平原史前城的兴起与聚落变迁》，载《成都考古研究》2016年第00期，第51—66页。

3.赵殿增：《从古城址特征看宝墩文化来源——兼谈“三星堆一期文化”与“宝墩文化”的关系》，载《四川文物》2021年第1期，第63—76页。

4.许丹阳：《三星堆文化研究四十年》，载《中国文化研究》2021年第2期，第51—62页。

5.霍巍：《三星堆：东西方上古青铜文明的对话》，载《清华大学学报(哲学社会科学版)》2022年第1期，第1—8、213页。

6.雷雨、黎海超、李玉牛等：《三星堆遗址祭祀区五号坑出土金面具》，载《四川文物》2022年第2期，第107—118、121页。

7.冉宏林、雷雨、赵昊等：《四川广汉市三星堆遗址祭祀区》，载《考古》2022年第7期，第15—33、2页。

8.施劲松：《中国青铜时代的三星堆》，载《中国社会科学》2023年第1期，第104—123、205—207页。

9.李世佳：《天府之根：宝墩文化述略》，载《天府新论》2023年第2期，第2、161页。

10.段渝：《略论三星堆文化的内涵(上)》，载《天府新论》2023年第3期，第2、161页。

11.四川省文物管理委员会：《成都羊子山第172号墓发掘报告》，载《考古学报》1956年第4期，第1—20页。

12.王家祐：《记四川彭县竹瓦街出土的铜器》，载《文物》1961年第11期，第28—31、2、5页。

13.冯汉骥、童恩正：《岷江上游的石棺葬》，载《考古学报》1973年第2期，第41—60、160—166页。

14.四川省博物馆、重庆市博物馆、涪陵县文化馆：《四川涪陵地区小田溪战国土坑墓清理简报》，载《文物》1974年第5期，第61—80、95—96页。

15.四川省博物馆：《成都百花潭中学十号墓发掘记》，载《文物》1976年第3期，第40—46、79—80页。

16.宝鸡茹家庄西周墓发掘队：《陕西省宝鸡市茹家庄西周墓发掘简报》，载《文物》1976年第4期，第34—56、97—103页。

17.宝兴县文化馆：《四川宝兴出土的西汉铜器》，载《考古》1978年第2期，第139—140页。

18.王光永：《陕西宝鸡市茹家庄东周墓葬》，载《考古》1979年第5期，第408—411、482页。

19.张长寿：《论宝鸡茹家庄发现的西周铜器》，载《考古》1980年第6期，第526—529页。

20.荥经古墓发掘小组：《四川荥经古城坪秦汉墓葬》，载《文物资料丛刊》1981年第4期，第71—72页。

21.四川省博物馆，新都县文物管理所：《四川新都战国木椁墓》，载《文物》1981年第6期，第1—16、97—103页。

22.张才俊：《成都战国土坑墓发掘简报》，载《文物》1982年第1期，第28—30页。

23.李昭和、莫洪贵、于采艺：《青川县出土秦更修田律木牍——四川青川县战国墓发掘简报》，载《文物》1982年第1期，第1—21、97—99页。

24.卢连成、胡智生：《宝鸡茹家庄、竹园沟墓地有关问题的探讨》，载《文物》1983年第2期，第12—20页。

25.宝鸡市博物馆：《宝鸡竹园沟西周墓地发掘简报》，载《文物》1983年第2期，第1—11、90、97—99页。

26.蒙默：《试论古代巴、蜀民族及其与西南民族的关系》，载《贵州民族研究》1983年第4期，第46—58页。

27.王有鹏、莫洪贵：《四川绵竹县西汉木板墓发掘简报》，载《考古》1983年第4期，第296—300页。

28.陈显双：《成都西郊战国墓》，载《考古》1983年第7期，第597—600、674—675页。

29.王有鹏：《四川犍为县巴蜀土坑墓》，载《考古》1983年第9期，第779—785页。

30.李晓鸥、刘继铭：《四川荥经县烈太战国土坑墓清理简报》，载《考古》1984年第7期，第602—606页。

31.赵殿增、陈显双、李晓鸥：《四川荥经曾家沟战国墓群第一、二次发掘》，载《考古》1984年第12期，第1072—1084、1091、1156页。

32.张才俊：《四川涪陵小田溪四座战国墓》，载《考古》1985年第1期，第14—17、32、97页。

33.赵殿增、胡昌钰：《四川彭县发现船棺葬》，载《文物》1985年第5期，第92—93页。

34.张肖马：《成都市金牛区发现两座战国墓葬》，载《文物》1985年第5期，第41—43页。
35.陈显双：《蒲江县战国土坑墓》，载《文物》1985年第5期，第17—22页。
36.赵殿增、胡亮：《四川大邑五龙战国巴蜀墓葬》，载《文物》1985年第5期，第29—40页。
37.黄家祥：《四川大邑县五龙乡土坑墓清理简报》，载《考古》1987年第7期，第604—610页。
38.王有鹏：《四川绵竹县船棺墓》，载《文物》1987年第10期，第22—33、102—103页。
39.李晓鸥、巴家云、雷雨：《四川荥经同心村巴蜀墓发掘简报》，载《考古》1988年第1期，第49—54、101—102页。
40.张亚初：《论商周王朝与古蜀国的关系》，载《文博》1988年第4期，第30—38页。
41.陈显双：《四川荥经曾家沟21号墓清理简报》，载《文物》1989年第5期，第21—30页。
42.徐鹏章：《成都三洞桥青羊小区战国墓》，载《文物》1989年第5期，第31—35、104页。
43.成增耀、蒋若是：《关于四川青川战国墓的年代》，载《中国钱币》1990年第1期，第79页。
44.匡远滢：《四川犍为金井乡巴蜀土坑墓清理简报》，载《文物》1990年第5期，第68—75、104页。
45.陈亮：《商周文化入蜀时间及途径初探》，载《四川文物》1990年第6期，第12—14页。
46.间濑收芳、高大伦：《四川省青川战国墓的研究》，载《南方民族考古》1991年第00期，第149—162页。
47.张肖马、江章华：《成都中医学院战国土坑墓》，载《文物》1992年第1期，第71—75页。
48.罗开玉、周尔泰：《成都罗家碾发现二座蜀文化墓葬》，载《考古》1993年第2期，第190—192页。
49.茂县羌族博物馆、阿坝藏族羌族自治州文物管理所：《四川茂县牟托一号石棺墓及陪葬坑清理简报》，载《文物》1994年第3期，第4—40、1页。
50.荥经严道古城遗址博物馆：《四川荥经南罗坝村战国墓》，载《考古学报》1994年第3期，第381—396页。
51.江章华：《巴蜀地区的移民墓研究》，载《四川文物》1996年第1期，第3—12页。
52.马幸辛：《试探川东北出土的巴蜀铜兵器》，载《四川文物》1996年第2期，第33—38页。
53.彭文：《从蜀墓腰坑的设置看巴蜀文化与关中文化的交流》，载《考古与文物》1996年第6期，第46—53页。
54.江章华：《巴蜀柳叶形剑研究》，载《考古》1996年第9期，第74—80页。
55.刘雨茂、黄晓枫、谢涛：《成都西郊金鱼村发现的战国土坑墓》，载《文物》1997年第3期，第4—14页。
56.雷玉华：《成都市金沙巷战国墓清理简报》，载《文物》1997年第3期，第15—23页。
57.江章华、张擎、王毅等：《四川新津县宝墩遗址1996年发掘简报》，载《考古》1998年第1期，第29—50、100页。
58.宋治民：《蜀文化尖底陶器初论》，载《考古与文物》1998年第2期，第43—51、35页。
59.王子今：《秦兼并蜀地的意义与蜀人对秦文化的认同》，载《四川师范大学学报(社会科学版)》1998年第2期，第111—119页。
60.张天恩：《巴蜀文化与中原文化的关系试探》，载《考古与文物》1998年第5期，第68—77页。
61.江章华、张擎：《巴蜀墓葬的分区与分期初论》，载《四川文物》1999年第3期，第23—35页。
62.栾丰实：《四川开县余家坝战国墓葬发掘简报》，载《考古》1999年第1期，第53—59页。
63.蒋成、颜劲松、刘雨茂等：《成都市商业街船棺、独木棺墓葬发掘报告》，载《成都考古发现》2000年第00期，第78—136、362—365、376-389页。
64.江章华、刘雨茂：《成都龙泉驿区北干道木椁墓群发掘简报》，载《文物》2000年第8期，第21—32页。
65.罗二虎：《四川青川秦律与稻作农业》，载《四川大学学报(哲学社会科学版)》2001年第4期，第81—85页。
66.李明斌：《四川成都市北郊战国东汉及宋代墓葬发掘简报》，载《考古》2001年第5期，第27—39、100—101、104页。
67.谢辉、江章华：《岷江上游的石棺墓》，载《四川文物》2002年第1期，第9—15页。
68.李明斌：《彭县竹瓦街青铜器窖藏考辨》，载《南方文物》2002年第1期，第33—37页。
69.蒋晓春：《试论涪陵小田溪墓地的分期与时代》，载《江汉考古》2002年第3期，第69—74、45页。
70.颜劲松：《成都市商业街船棺、独木棺墓葬初析》，载《四川文物》2002年第3期，第25—33、0页。
71.梁中效：《历史时期秦巴山区自然环境的变迁》，载《中国历史地理论丛》2002年第3期，第40—48页。

72.朱章义：《成都西郊石人小区战国土坑墓发掘简报》，载《文物》2002年第4期，第32—40页。
73.黄晓枫：《试论四川地区战国墓中的青铜工具》，载《华夏考古》2002年第4期，第72—81、110页。
74.杨勇：《论巴蜀文化虎纹戈的类型和族属》，载《四川文物》2003年第2期，第51—58页。
75.曾咏霞：《试析成都新都战国墓出土半两钱》，载《中国钱币》2004年第2期，第34—38、82页。
76.张耀辉：《长江上游文明进程略论——以成都平原先秦文化为中心》，载《中华文化论坛》2006年第1期，第5—11页。
77.黄家祥：《四川青川出土秦“为田律”木牍的重要价值》，载《四川文物》2006年第2期，第39—42页。
78.黄尚明：《试论楚文化对晚期蜀文化的影响》，载《江汉考古》2006年第2期，第52—61页。
79.李明斌：《论四川盆地的秦人墓》，载《南方文物》2006年第3期，第91—99页。
80.赵丛苍：《从考古新发现看早期巴文化——附论巴蜀文化讨论中的相关问题》，载《华中师范大学学报(人文社会科学版)》2006年第4期，第95—99页。
81.段渝：《巴蜀古代文明与南方丝绸之路》，载《“丝绸之路与文明的对话”学术讨论会论文集》，2006年。
82.陈德安：《古蜀文明与周边各文明的关系》，载《中华文化论坛》2007年第4期，第11—18页。
83.李伯谦：《关于考古学文化互动关系研究》，载《南方文物》2008年第1期，第14—20页。
84.洪梅：《试析战国时期巴蜀文化的墓葬形制》，载《华夏考古》2009年第1期，第114—124页。
85.杨民：《认同与互动：秦灭巴蜀后巴蜀文化变迁的两层面相》，载《四川文理学院学报》2011年第1期，第64—66页。
86.四川省文物考古研究院、西安美术学院中国艺术与考古研究所：《四川汉源县市荣遗址2009年度发掘报告》，载《四川文物》2011年第5期，第3—23、1页。
87.左培鼎、吴光烈、尹显德等：《四川青川县郝家坪战国墓群M50发掘简报》，载《四川文物》2014年第3期，第13—19页。
88.刘力、王小华：《更化与归化——略论秦王朝治域下的巴蜀》，载《重庆师范大学学报(哲学社会科学版)》2015年第5期，第44—49页。
89.向明文：《巴蜀文化墓葬出土铜刀类型、分区与分期研究——兼谈环首刀的来源问题》，载《边疆考古研究》2016年第2期，第239—263页。
90.代丽鹃：《“蜀郡西工”铜器渊源及相关问题》，载《中国国家博物馆馆刊》2017年第9期，第75—89页。
91.向明文：《巴蜀古史的考古学观察——以东周秦汉时期巴蜀文化墓葬为中心》，吉林大学，2017年。
92.向明文：《巴蜀式青铜釜甑的类型、年代与分期研究》，载《三代考古》2018年第00期，第330—343页。
93.冉宏林：《试论“巴蜀青铜器”的族属》，载《四川文物》2018年第1期，第77—88页。
94.邹水杰：《岳麓秦简“蜀巴郡”考》，载《简帛研究》2018年第2期，第114—126页。
95.王丹、夏晓燕：《荆州博物馆藏“五十二年”秦戈考》，载《文物》2018年第9期，第37—40、36页。
96.王天佑：《四川西汉早期土坑墓文化因素分析》，载《中华文化论坛》2018第12期，第10—19页。
97.孙华：《战国时期的成都城——兼谈蜀国的都城规划传统》，载《古代文明辑刊》，2019年第1期，第28页。
98.徐世权：《秦“五十二年蜀假守竃戈”新考》，载《古文字研究》2020年第1期，第639—646页。
99.王天佑、陈云洪、原海兵等：《四川成都双元村东周墓地一五四号墓发掘》，载《考古学报》2020年第3期，第399—428、461—476页。
100.金国林：《试析战国秦汉时期的葭萌与石牛道》，载《四川文物》2020年第6期，第24—32页。
101.孙华：《巴蜀文化铜器初论》，载《 青铜器与金文》2021年第1期，第127—153页。
102.严志斌：《成都双元村154号大墓出土巴蜀文化印章研究》，载《江汉考古》2021年第4期，第97—101页。
103.李明斌：《论四川盆地的秦人墓》，载《南方文物》2006年第3期。

后记

Postscript

四次入川，行程万里余，在“问蜀”即将开展之际，心中的感触汹涌而至。从2012年的“萌芽·成长·融合——北方青铜文化臻萃”展开始，虽然“东周时期区域文化系列展”已历十年有余，但每一个展览所经历的都历历在目。系列展接近尾声，我也开始推进规划自己的退休生活了。

在2019年原创“平天下——秦的统一”大展之后，我多次入川看展、学习，感受古蜀文明带给我的震撼，体会秦与巴蜀之间的联系，找寻蜀文化的发展脉络，厘清她的去向，希望在原创蜀文化展的时候，可以带给观众多一些细腻的人文体验。“问蜀——东周时期的蜀文化特展”集结了四川、湖北、陕西25家文博单位的300余件展品，以设问的方式，向蜀文化发出了“你是谁”“你从哪里来”“你去了哪里”三问，并以蜀文化的典型文化遗存作答，通过解读其内涵，使观众明确秦与巴蜀地区紧密的联系，以及巴蜀对秦统一所做出的卓越贡献。

展览在各参展单位领导的大力支持下得以顺利推进。感谢四川省文物考古研究院的唐飞院长、周科华副院长及邓玲、周羿杨老师，四川博物院的韦荃院长、谢志成副院长、谢丹副院长及张玉丹、李媛、卢玥颖、龚安蓉、樊思琪老师，成都文物考古研究院的颜劲松院长、蒋成副院长及李佩、唐淼、唐浩、王天佑老师，成都博物馆的任舸馆长、黄晓枫副馆长及张宝琳老师，四川广汉三星堆博物馆的王居中馆长、朱亚蓉副馆长、余健副馆长及张跃芬、蔡秋彤老师，成都金沙遗址博物馆的朱章义馆长、王方副馆长及刘珂、黄玉洁老师，杨升庵博物馆的朱力馆长、刘雅平副馆长，什邡市博物馆的杨剑馆长、李灿副馆长及杨能老师，茂县羌族博物馆的蔡清馆长、李明副馆长，绵竹市博物馆的刘运琦馆长、陈爽老师，雅安市博物馆的郭凤武馆长、吴磊副馆长及赵克统老师，张骞纪念馆（县博物馆）的崔纪军馆长、赵佳妮副馆长及陈旭老师，荥经县博物馆的高俊刚馆长、胥彦馆长，宝鸡青铜器博物院的陈亮院长、宁亚莹院长及崔睿华、王娅老师，彭州市文物保护管理所的周启寿所长、刘勇伟老师，绵阳市博物馆的周健馆长、都云昆副馆长及杨好老师，乐山市博物馆的舒东平馆长、张宇副馆长，荆州博物馆的郑雷馆长及王丹老师，蒲江县博物馆的陈龙馆长，宜宾市博物院的黄乐生院长及王莉、徐兴燕、李楠老师，青川县文物管理所（县博物馆）的虎妍所长及杨凯奇老师，广元市文化广播电视和旅游局的宋元柏副局长，广元石窟研究所的何光远副所长及宗会娟老师，

广元市博物馆的王洪燕馆长及任艳老师，西安中国书法艺术博物馆的郭柱社馆长、杜德新副馆长及郭希望老师，陕西历史博物馆（陕西省文物交流中心）的侯宁彬馆长及贺达炘、谷朝旭、张沛心、白莉莎、周叶青、倪元老师。有了他们的鼎力相助，我们的展览才得以成功举办。感谢成都文物考古研究院的江章华老师、成都金沙遗址博物馆的王方老师、陕西历史博物馆的任雪莉老师作为本展览的学术顾问和审稿老师，使展览内容更加严谨，并提供最新的学术研究成果。感谢西北大学出版社的郭学功、王岚、陈英烨编辑，他们精益求精的工作态度令我们感动。感谢西安市邦尼翻译有限公司对展览的大力支持。感谢合和工作室的蒋艳老师，多年的合作、彼此的理解和支持，使“东周时期区域文化系列展”图录的装帧设计惊喜不断。感谢年轻但经验丰富的雅昌团队的努力，保证了展览图录印制工作在最短的时间内顺利完成。感谢李岗院长、郭向东副院长对本展览的大力支持，多方协调展品借调事宜，并对展览内容从整体到细节都提出了具体建议。感谢藏品管理部的王东峰主任以及朱明月、陈璐、安菲、唐瑞江、聂莉、雒波波等同事，在展览前期准备时间非常紧张的情况下，奔波于各个参展单位，为我们调集展品。感谢陈列展览部的马生涛主任、叶晔副主任对展览工作的支持。感谢策展团队的小伙伴张小攀、周怡、朱明月愿意加入我的团队，与我一起奔走于巴山蜀水之间，看不计其数的展览，笑过也哭过，无数次的讨论和脚踏实地的工作，形成了今天的收获。感谢形式设计师程乾宁老师对展览内容的认真解读，打破陈规，为展览营造全新的展示空间，为观众精心打造大气恢弘的视觉盛宴。感谢中章建设有限公司，加班加点完成展览的深化设计与制作，保证了展览如期开幕。我无法列举参与本次展览工作的每一位朋友的名字，但你们对展览的每一分付出我都铭记于心。一年半的筹展工作令我收获良多，不仅是学术成长，更多的是同行间的友情和无私的帮助。

谨以此展览向奋斗在全国各地的考古工作者和文物保护工作者致敬！向致力于博物馆展览事业发展的同行、同事致敬！有了你们的无私奉献，我们可以给观众呈现更多的精彩。

执行策展人　彭　文

癸卯秋于北京雅昌

图书在版编目（CIP）数据

问蜀：东周时期的蜀文化特展 / 秦始皇帝陵博物院编.
-- 西安：西北大学出版社，2023.10
ISBN 978-7-5604-5230-2

Ⅰ. ①问… Ⅱ. ①秦… Ⅲ. ①巴蜀文化－研究
Ⅳ.①K871.34

中国国家版本馆CIP数据核字(2023)第186498号

问蜀

——东周时期的蜀文化特展

WEN SHU:
DONGZHOU SHIQI DE SHU WENHUA TEZHAN

编　　者　秦始皇帝陵博物院
责任编辑　王　岚
装帧设计　合和工作室
出版发行　西北大学出版社
地　　址　西北大学校内
电　　话　(029) 88302590　88303593
邮政编码　710069
印　　刷　北京雅昌艺术印刷有限公司
开　　本　965 mm×635 mm　1/8
印　　张　38
字　　数　400千字
版　　次　2023年10月第1版
印　　次　2023年10月第1次印刷
标准书号　ISBN 978-7-5604-5230-2
审 图 号　GS（2023）3933号
定　　价　720.00元

网　　址　http://nwupress.nwu.edu.cn
如有印装质量问题，请与出版社联系调换，电话：029－88302966。

秦始皇帝陵博物院
微信公众号

西北大学出版社
天猫专营店

西北大学出版社
微信公众号